知的生きかた文庫

「要領がいい人」のすごい考え方

中島孝志

JN286953

三笠書房

はじめに

一読すれば、「効率も成果も心の余裕」も手に入る！

この本は次のような人のために書きました。

□「要領が悪い」といわれることがある
□仕事をもっとスピーディーに処理したい
□時間に追いかけられている感じがする
□無駄が多い
□最近ストレスが増えた
□アフターファイブの約束をなかなか果たせない
□思うようにお金が貯まらない

などなど。

要領とは「領をつかむ」ということです。領とは着物の襟《えり》の部分を指します。この部分をつかめば、着物の型を崩さずに着たり片づけたりできます。着付けではもっとも大切なことなのです。

この他に、領には頭領とか領袖《りょうしゅう》という言葉でおわかりのように、重要人物という意味もあります。重要人物をひとつかみにしてしまうのですから、要領ということがどれだけすごいか、おわかりになると思います。

私たちビジネスパーソンにしてみれば、**要領とは、ずばり、仕事のコツをマスターする、という意味です。**その場しのぎのスキルや小手先のテクニックを習得するのではなく、無駄なエネルギーを使わずにベストの仕事法を選択する能力といってもいいでしょう。

要領のいい人は、やり方があまたある中で、一番早く、コストをかけず、しかも楽しく仕事をして、最高の仕上がりにしてしまいます。**要領のよさは、効率を革命的に高めるだけでなく、人間関係のトラブルやストレスの解消にも役立ちます。**

本書では、そんな要領のいい人たちの発想や仕事ぶりをできるだけわかりやすくご紹介しました。

項目は50のリストとして用意しています。タイム・イズ・マネー。余計な時間を使う余裕はないというビジネスパーソンの方でも、リストをチェックして、今、一番気になる部分から読み進めていただければ効果は覿面《てきめん》です。

中島孝志

◎もくじ

第1章 要領がいい人の〝状況コントロール法〟
最短コースで「結果」を出す10のリスト

第2章

仕事のムダ・ムラ・ムリをなくす10のリスト

要領がいい人の〝仕事の進め方〟

第3章

要領がいい人の〝時間の使い方〟
一日の生産性をガラリと変える10のリスト

第4章

要領がいい人の〝人づき合いのコツ〟

一瞬で「対人関係」に強くなる10のリスト

第5章 要領がいい人の〝シンプルな生き方〟

運と成功を呼び込む10のリスト

第1章

要領がいい人の〝状況コントロール法〟

最短コースで「結果」を出す10のリスト

LIST 1 ムダな「努力」をしない

仕事には執念や熱意が大切です。しかし世の中には熱意と執念が空回りしている人も少なくありません。

どうして空回りするかというと、努力の仕方が間違っているからです。自転車でもチェーンがギアから外れていると、どんなに力を入れても走りません。ロスばかりで疲れ果てて倒れてしまいます。

努力も同じです。**正しい努力と間違った努力＝方向違いの努力があります。**方向違いの努力はいくらしても何の効果もありません。「こんなに頑張りました」とアピールしても、「それで？」といわれて終わり。東京から博多に行くのに札幌行きの飛行機に乗っていた、ということに等しいのです。

具体的に説明しましょう。同じセールスの仕事をしていても、「熱心だ」と高く評価される営業マンもいますし、「忙しいのになんてしつこいんだ」と迷惑がられる営業マンもいます。

この「熱心」と「しつこい」の間にいったい何があるのでしょう？

販売する商品やサービスは同じでも、売り方を変える。提案方法を変える。お客さんへのアプローチ方法、折衝ルートを変えると「しつこい」とは思われません。平たくいえば、「しつこい」と断られたお客さんには、同じ商品、同じルート、同じ提案、同じ交渉、同じ雑談は絶対にしないこと。**同じお客さんに同じ商品を売るから、「この前、断ったよ」「同じ話なら時間の無駄だ」と思われるわけです。**

なかには奇跡的にお百度参りで成功するケースもあるかもしれません。「石の上にも三年」ということわざもあります。しかしこういう努力が実るケースは一つしかありません。それは人事異動で相手が代わった、というときだけです。ある日、訪問してみると、これまでの担当者と違う、というケースです。

後任者はいつも二通りに分かれるものです。前任者のやり方をそのまま踏襲するタイプ。そして、それをひっくり返すタイプ。お百度参りで成功するのは後者に限定されます。タイミングに恵まれたのはお百度参りのおかげですが、こんなまぐれ当たりはほとんど期待できません。熱心な営業マンになったほうが得なのです。

私も法人営業マンの経験が長かったので、こんなケースは山ほど経験してきました。歴代営業マンは某社をセールスする際、常に人事部を窓口にしていました。これがなかなかうまくいきません。三十年間誰も契約をとったことがありません。もちろん、私が担当したところでうまくいくとは限らない。そこで考えました。一つは今までの交渉担当者を換えてしまうこと。新任営業マンならそれができます。他の人とアポをとればいいのです。もう一つは窓口を換えることです。

結果は、あっけないほどうまくいきました。前者の場合、後日、担当者と打ち合わせをすると、「いきなり役員に会わないでほしい」と叱られましたが、そんなことははなから承知。**決裁権のない人に何度会っても話になりません。だから、その場で判断のできる人にアポをとったのです。**

幸いにして今までの人たちとは面識がありませんから、「何も知らなかったもので」と涼しい顔でやり過ごせばいいのです。

窓口にしても、なにも人事部に固執する必要はないのです。見渡せば、労務部もあれば調査部もあります。契約するかしないか判断する部署と具体的に契約業務を進める部署が違うことも少なくありません。一つの部署に拘泥《こうでい》する必要はありません。

方向違いの努力はしないこと。袋小路に追い込まれてにっちもさっちもいかなくなったときは方向転換せよ、というサインです。**今までと同じことを繰り返しても運は動きません。**運を動かすためにあえて方向転換してみるのです。

「窮すれば変ず、変ずれば通ず」という言葉が『易経』にあります。同じやり方に固執するより違うルートからチャレンジしてみる。あちらがダメなら、こちらでトライすればいい。困ったときほど柔軟に考えることです。

一つのやり方にこだわらない

LIST 2

自分の「クセ」を活かす

血気盛んな二十代の頃、あるオーナー経営者から忠告されたことがあります。

「自分を大きく見せたい。賢く見せたいと無理をするのはその労力のわりに報われることはない。**バカなふりは賢い人にしかできない。いくつになろうと、私はバカで何もわかりません、という姿勢でなければ、人生は損するばかりだよ**」

当時、自信満々で怖いもの知らず。この忠告にしてもそんなものか、と頭では理解できたものの腹にすとんと落ちるものではなかったようです。だから私は知らず知らずのうちに余計な敵をつくってしまったのでしょう。バカを装うことができれば無理することもなかったのです。

突っ張って生きている人は無理しているからどうしても肩に力が入ります。虚勢を張ってくたくたに疲れてしまうのです。最初からバカになればどれほど気楽か。無理をしない。地のままで生きる。**等身大が一番愛される**のです。

法隆寺や薬師寺の再建を手がけた宮大工の西岡常一《つねかず》さんには、生前、忙しい中、たくさんのことを教えていただきました。最近、薬師寺管長とおつき合いがありますが、これもご縁だと思います。

「木にはクセがある。右に寄る、左に寄るというクセを見抜いて、うまく抱き合わせて組み上げる。曲がった木を削って真っ直ぐに見せても何年も経たないうちに結局は曲がってしまいます」

なるほど、この世に生あるものは「あるがまま」に活かせ、ということでしょう。しかし、あるがままに生きている人はめったにいません。ほとんどの人は無理しているのです。

適材適所といいますが、その人のクセを見極めて、向いた仕事をさせるのは一流のマネジメントです。**素材は適所にいてこそ力が発揮できて適材と評価される**のです。そうでなければ、宝の持ち腐れといわれてしまいます。それほど仕事との相性は絶対的なものなのです。

誰にも能力があります。右に寄った人材は右に寄った使い方をすればいいのです。左に寄った人材もそうです。無理やりいじる必要はさらさらありません。寿司や天ぷら、和食の醍醐味は素材を活かすことです。**あるがままを活用することが日本人には一番ふさわしいマネジメント**なのです。

そのために、誰にもかけがえのない能力があること。誰にも金メダルがあることを、上に立つ人であればあるほど肝に銘じておく必要があると思います。人を育てることに汲々とするより、金メダルを発見して、そのままの姿で活躍してもらうことを考えたほうがよっぽど効率的なのです。

等身大で活躍できる場はあるか

LIST 3 「流れ」に逆らわない

初対面の人と名刺交換した後、「いつか一緒にお仕事したいですね」と誘われることがあると思います。

その言葉を真に受けて、「あれ、どうなりました？」と電話しても、相手は何のことだかわからないでしょう。単なる社交辞令ですから記憶にすら残っていないのです。

私はこんな言葉を真に受けることはありません。なぜなら、**本当に一緒に仕事したいなら、どんなことがあろうと連絡してくるからです。**

海外旅行をしていても、旅先のホテルにまで電話がかかってきます。よく連絡先がわかったな、と驚いてしまいます。聞けば、友人の友人の友人に聞いて辿り着いたとのこと。縁というのはそういうものだと思います。

求めても得られないのが縁ですし、求めなくても得られるのが縁です。同様に、十中八九まで仕事が進んでいても、途中でトラブルになってしまうこともあります。そんなとき、これは縁がないな、とやめてしまうことが少なくありません。このまま無理して進めても、きっとトラブルになるな、今回は縁がなかったんだ、とさっさと見切るようにします。これは本当によくありました。

さて、ビジネスとして、そこまでに投資したコストをどう回収するかというと、相手に請求することは一切してきませんでした。そんなことをしたらトラブルがまた発生してしまうからです。金額よりも時間的コストのほうがもったいないので、すべて呑んでしまいました。その代わり、二度と一緒に仕事はしません。体のいい手切れ金のようなものです。

縁を追いかけるとろくなことはありません。縁は人智を超えています。なぜなら、縁は運命が選んでいるものだからです。

ある経営者から従業員四人が年末に揃って辞めたいといってきて困っている、という手紙をもらうと、鍵山秀三郎《ひでざぶろう》さん（イエローハットの創業者。掃除道で知られる）はすぐに返事を出したというのです。

「あなたはまだ幸せなほうです。ある日突然辞めるのではなく、何日も前から予告してもらえれば手当てのしようもありますからね」

創業後、数年間、何もいわずに突然、従業員がいなくなることを、彼は何回も経験しているのです。今朝入社した従業員が会社の車に乗ったまま帰らない。放置車を発見した警察から電話がかかってきたことも再三ありました。「店に誰もいないよ」とお客さんの電話で初めて従業員がいなくなったとわかったという経験もたくさんあったのです。**そんな体験ばかりしてきましたから、「ご苦労さま」という手紙を辞めた従業員全員に届けたらどうか、とアドバイスしました。**

その経営者は、「なぜそんなことをしなければいけないのか？」と感じたそうですが、いわれるがままに年明けに手紙を出したそうです。すると一人の従業員から、「手紙をいただき、どうもありがとうございました。お願いがあります。もう一度、仕事をやらせてもらえないでしょうか」と電話がかかってきたのです。彼だけは残ってほしかった、という従業員だったというのです。

おもしろいことです。これも縁だ、と思うのです。

退職と同時に縁が切れると思いがちですが、縁はそんなに簡単に切れるものではありません。辞めても縁は永遠につながっているものです。一方、辞めなくてもつながっていない縁もたくさんあるのです。

人を大切にしない経営者が成功することはありません。どこかで必ず足を引っ張られるからです。自分がした行為と同じものを、誰かから、どこかで、必ずしっぺ返しを受けるからです。

自分からは決して縁を切らない。辞めた従業員に対しても成功を祈る。幸福を祈る。そういう姿勢が縁を活かすのです。

人との縁は自然に任せよ

LIST 4 こまめに心の「ガス抜き」をする

ギリシャの哲学者ピュタゴラス曰く、心がつらいときは悲しみを消してくれる明るい曲を聴きなさい。アリストテレス曰く、悲しいときこそ悲しい曲を聴きなさい、そのほうが早く癒される。

どちらも正解です。音楽療法ではこの二つは矛盾せず、両立するものとして理解されています。

考えてみてください。悲しみのどん底にあるとき、いきなり明るい曲を聴く気にはなれません。悲しみと波長の合う曲、ときに悲しみをもっと増幅するような曲にどっぷりと浸かりたくなります。**心傷ついた人は癒されたいと願う反面、どうせなら、もっとどん底に落ちていきたいという自虐に耽《ふけ》ることが癒しになるのです。**

どん底は温かいものです。なぜなら傷心には一番合うからです。とことんどん底に浸るうち、時間がその傷心を癒してくれます。**人間には記憶力もありますが、便利なことに忘却力もあります。**「忘れる」という機能がどれだけありがたいか、傷心の人はよくわかります。

少し癒されてくると悲しい曲を聴きたくなくなります。悲しい曲と波長が合わなくなり、潜在意識が拒絶しはじめている証拠です。これが元の状態にセットアップするきっかけを示すサインなのです。

悲しいことやつらいことがあれば、我慢しないで号泣すればいいのです。**無理して強がったり元気ぶる必要はありません。**泣き暮らせばいいのです。それだけが救いだからです。悲しいときは悲しむのが一番の薬です。そして明るい曲を聴きたいとなれば、それはつらさも悲しみも過去の思い出に変わったサインなのです。

クレーム対応のコールセンターに勤務するビジネスパーソンがいます。毎日毎日、かかってくる電話はお客さんの怒りの電話ばかりです。自分のミスを棚に上げて一方的に怒鳴るお客さんもいれば、とんちんかんで一向に要領を得ないお客さんもいます。生命の危険を感じる恫喝《どうかつ》の電話もあります。おかげでこの職場はこの不況にもかかわらず退職が後を絶ちません。採用しても採用しても辞めていくのです。しかも辞めるときは精神的にぼろぼろになっているのです。

この職場に一人タフな男性がいます。**嫌な電話ばかりですが、とくにシビアな電話のときはわざわざノートにメモする、というのです。これが彼自慢の「悪口辞典」です。**もうたくさんの悪口フレーズが溜まっていると思います。

これは生きる知恵です。めげそうになる心を転換させるガス抜きを上手につくって、心をコントロールしています。もちろん、彼のような人はレアケースです。しかし正面から受け止めず、横にどんどん流していく方法は正解です。

苦労を笑いに変えると免疫力が回復します。二十年前、吉本興業の経営トップをプロデュースしていたとき、彼から岡山の難治療病院の院長を紹介されました。吉本も全面協力し、芸人を派遣して重篤な患者さんたちに楽しんでもらいました。免疫力を示すNK（ナチュラルキラー）細胞はお笑いライブの後には格段に向上しました。**「笑いは副作用のない薬ですね」**と話すと、院長も強く頷《うなず》いてくれたことを覚えています。

心理学者ヴィクトール・フランクルには『夜と霧』という世界的ベストセラーがあ

ります。彼自身、ユダヤ人としてアウシュビッツ強制収容所に収容されていました。幸いにも奇跡的に生還しています。過酷な強制収容所生活を生き抜いた人は、人並み外れた頑健な肉体を持っていたわけでもなければ、人並み外れたタフな精神の持ち主でもありませんでした。

どんな人が生き抜いたかといえば、夕日や花の美しさに気づく人、力のない小さな声でもジョークをいい合っていた人だけだった、というのです。**つらい環境の中に少しの楽しみを発見できた人**ばかりです。「楽しみを発見する！」という能力は人生を生き抜く無敵の力なのです。

「タフな精神」は必要ない

LIST 5
現実的な「プラス思考」をする

メンタルタフネス＝心の強靱さ、には二種類あります。「強」と「靱」では強さの種類が違うのです。

強とは鋼《はがね》の強さです。曲がらずはねつける強さです。一方、靱とは竹の強さ。曲がっても粘って折れない腰のしなる強さのことです。

鉄と竹の強さを考えるとき、もう一つ、鈍いという強さもあります。最近では「鈍感力」という言葉で知られるようになりました。自慢ではありませんが、作家の渡辺淳一さんが本にして発表する前にずっと私は使っていました。何をいわれてもケ・セラ・セラ。気にしない、気にならない。傷つく仕打ちも正面から受け止めずに横へさらりと受け流してしまう能力です。

鈍感力に比べると、繊細でデリケートな人はとても弱いと思います。周囲からの攻撃以前に、自分で勝手に壊れていくのです。一人で転げ落ちてしまうのです。

あなたが新しいことに直面したとしましょう。たとえば、転職や転勤、出向、リストラ、定年、独立、あるいは病気というケースもあると思います。いずれにしても、新しいことに対峙したとき、天はあなたの一番弱い部分を突いてきます。不思議なことに、よく気づいたな、と驚いてしまうほど、準備していないところをピンポイントで狙ってきます。このとき、ものすごいプレッシャーを感じます。デリケートな人では耐えきれないかもしれません。

このプレッシャーをプレジャー（楽しみ）に変換するコツがあるのです。それは「せっかく」という枕詞をつけて話すクセをつけることです。

□せっかくリストラされたんだから
□せっかく独立するんだから
□せっかく病気になったんだから

「せっかく」という枕詞をつけただけでマイナスをプラスに変換できるのですから便

利な言葉です。

実は、この言葉は松下幸之助さんから教わったものです。

「きみな、せっかく病気になったんやから感謝せんとな。素直に聞けば病気がいろいろ教えてくれるで」

私が一番尊敬した人は自分で自分を励ますことができる名人でした。極限状態でも笑顔を忘れない人でした。私も彼に負けないように生きたいといつも思っています。

人生にまったく歯ごたえがないより、いくつものハードルを乗り越えるほうがいい。**苦境や逆境に陥ったときこそ、今が人生の正念場、人間の価値が試されるチャンスだ、**という心境で受け容れればいいのです。しのぎ切ったとき、そこには今までとはまったく違う風景が見えると思います。運をぐいと引き寄せたことを実感できるはずです。

「せっかくだから」とつぶやいてみる

LIST 6 「得意なこと」を一つ探す

人はスーパーマンである必要はありません。あれもこれもできる人というのはかえってうまくいきません。器用貧乏という通りです。

ひととおりなんでもやれるけれど、金メダルはない。国体優勝レベルではメシは食べられません。

それよりも、これだけ、たった一つ、これっきゃない、という「金メダル」さえあればそれを「売り」にして生きていけるのです。スペシャリストとして通用する武器さえあれば人は生きていけるようになっているのです。

イチロー選手はゴルフで松山英樹さんや石川遼さんと勝負してもかなわないでしょう。同様に、彼らはイチロー選手と野球で勝負してもかないません。勝つ必要もありません。自分の土俵で戦えばいいわけです。

仕事は得意ではないことを無理やり努力して磨く場ではありません。得意技で勝負する場なのです。

私たちは得意技で生きていけるようにプログラミングされているんだな、とつくづく感じてならないのです。

たとえば、人気お笑い芸人を見ていると、この人たち、他の仕事では絶対に芽が出なかったろうな、と思う人たちばかりです。「お笑いで生きていけ」という天の声としかいいようがありません。そして、得意技で戦っているから億単位の年収を稼げるのです。何よりも水を得た魚は水という場があればこそいきいきと動いています。

私には何の能力もないけれど、友人だけはたくさんいる、というなら、それも立派な能力です。

テストでも仕事でも、友人に訊いてもOKという条件なら結果はがらりと変わるでしょう。「歩くウィキペディア」よりもたくさんの友人がいるほうが勝ちます。**ビジネスには締め切りはありますが、徹夜してもいいし、どれだけ早く始めてもいいし、知人友人を総動員してもいい。**自分でできないことはできる人に任せればいいのです。

一番得意な仕事、得意な武器、得意なスキルで勝負しなければ損です。苦手なことばかりして、短所を直してばかりの生活では楽しくありません。

仕事は「一芸」がものをいう

LIST 7
「失敗」は引きずらない

無理をするとどうしても失敗のリスクが高まります。無理は必ずどこかに齟齬《そご》を来すことになっているからです。LLサイズの人がMサイズの服を着込んだらはち切れてしまいます。それと同じです。

経済学の初歩に「サンクコスト（埋没費用）」という考え方があります。たとえば、東京から大阪までリニアモーターカーを建設する、としましょう。一兆円の予算のところ、八千億円まで使った段階で、実はもっと格安で強力な技術が開発された。それによれば、一千億円で建設できるとのこと。

さて、どうしましょう？

もうこんなに投資してしまったから、このまま進めてしまおうという考え方もあります。毒を食らわば皿まで、というやつです。

もう一つの判断は、今の建設は中止して新工法での建設に切り替える、というものです。こうなると、議会は紛糾し、責任問題が浮上するかもしれません。解体料というコストが新たに発生するかもしれません。

経済的に考えた正解は、新技術による付加価値が残りの建設費二千億円＋解体料を超えるならば、ドラスティックに切り替えることです。これまでにかかった建設費は回収できないコスト（＝サンクコスト）。今後の建設費を計算するときに考えてはいけないのです。**リカバーできない失敗に拘泥している限り、そこに未来はないから**です。

誰しも大きな失敗の一度や二度はするものです。小さなミスを数えたらきりがありません。しかし失敗がわかったときに一番大切なことは、失敗に引きずられず失敗を超えていくことです。未来と成功はそこにしかありません。

失敗すると、失敗を恐れるあまり、新しいことにチャレンジできなかったり、緊張のあまり同じ失敗を繰り返す人が少なくありません。「羹《あつもの》に懲りて膾《なます》を吹く」というやつです。

今まで経営者をはじめとしてたくさんのビジネスパーソンを見てきましたが、人間には二通りのタイプがあります。

一つは成功失敗の別なく、すべての体験を栄養にしてどんどんキャリアを積むタイプです。人間として、ビジネスパーソンとして進化成長しています。

もう一つのタイプは、同じようにたくさん体験しているにもかかわらず、それが今の仕事にも生き方にもまったく活かされていない人です。失敗を教訓にできず、何度も何度も同じ失敗を繰り返してしまうのです。こういう人は十年のキャリアといっても、中身は一年を十回繰り返しただけなのです。

仕事ができる人、何をやっても成功する人は、キャリアを無駄にしません。どんな体験も貪欲に吸収して活かす。でなければ、せっかくの体験（失敗ならなおさらのこと）がもったいないではありませんか。

転んでも一つ勉強すれば、儲けもの

LIST 8

「雰囲気」を大事にする

宇宙飛行士を採用するとき、どんな能力をもっとも重要視するかご存じでしょうか？

おもしろいことに、エベレスト登山などのクライマー募集でもまったく同じ要素が最重要視されているのです。

それは肉体の強靱さでもなくタフな精神力でもありません。シャープでクレバーな頭脳の持ち主でもありません。

一番重要な資質は協調精神の高い人、ということです。平たくいえば、性格のよさです。

少し考えればわかると思います。何週間も何カ月も一緒に生活するのです。共同生活で一番大切なことは協調性です。どんなに肉体が強靱だろうと、精神がタフだろうと、頭脳明晰だろうと、チームワークのとれない人は不適格です。宇宙船や雪の高山キャンプでチーム仲が険悪になったら空中分解は必至です。日常生活からは遠い過度のストレスに苛まれる異常空間ですから、生半可な協調性では立ち行かないでしょう。**理性と明るさ、何よりも他人を慮る優しさ。**この三要素はチームワークで大切なものばかりです。

「いいヤツを見つけた」

黒澤明監督の名作に『七人の侍』という映画があります。この中で平八（俳優の千秋実さんが演じている）という武士を雇うとき、五郎兵衛（同じく稲葉義男さん）が報告に来ます。

いい人ではありません。いい人は単に利用されるだけのお人好しですが、いいヤツは文句なしに愛されるキャラクターです。

「いいヤツ」だから仲間に入れよう、というわけです。続いて、「腕はまず中の下」といいます。野武士の略奪から農民を守るのですから、腕が立たなければ話になりません。しかしその前に、「いいヤツ」かどうかをもっとも重視していることがわかります。優先順位では腕は上位ではないのです。

「話していると愉快なヤツで、気持ちが晴れ晴れとする。ああいう人間は長い戦のときには重宝だ」

宇宙飛行士、チョモランマ登山のクライマーに求めている資質とまったく同じです。ここにチームづくりのポイントが見てとれます。

たとえ仕事ができなくても、ムードメーカーという資質は武器になります。バブル崩壊後、日本企業は長引く超円高でリストラ旋風が吹き、家電業界は不況から今なお抜け出せません。その理由は、こういうムードメーカーをリストラしてしまったために職場が殺伐となってしまったことに本当の原因があります。苦しくても経営者がリストラを我慢してきた企業は相変わらず元気です。組織というのはそういうものです。儲かるから元気になるのではなく、働く仲間が元気だから業績が上がるのです。

オフィスの人間関係で大切なことは、周囲の人を楽しませることです。少なくとも、相手を不快な思いにさせないことです。「だけど」「ですが」は禁句です。もしいいたくなったら、「おっしゃる通りです」「ご指摘はごもっともです」「ところで」と話を切り替えるようにしましょう。ほんの少しの配慮でオフィスの人間関係は見違えるようによくなります。

能力のあるヤツよりいいヤツが勝ちます。能力のあるヤツは独力で勝負しなければなりませんが、いいヤツは仲間の力を総動員して戦えます。いいヤツのほうが成功するのです。

スキルを磨く暇があれば、笑顔を磨け

LIST 9 「自己流」を貫かない

成功したければ、成功者に弟子入りしてしまうことが一番手っ取り早いと思います。目の前の教科書をそのままなぞればいいのですから、これがベストの方法です。

成功している人に共通することは、いいことはすぐに真似をし、悪いことはさっさとやめていることです。このポイントを実践するのには、学歴も職歴も資金や財産もまったく関係ありません。

億万長者になるのも簡単です。やるかやらないか、問題はそれだけです。

全国的に大繁盛している飲食店が近所にあります。朝から晩まで行列ができています。のれん分けで各店主は全員オーナーです。あの店もこの店もオーナーは億万長者です。

半年間、創業者から鬼のような指導を受ければ誰もが独立できます。ビジネスパーソン時代、要領が悪くて上司や得意先からダメなヤツと烙印を押された人でも、修行一カ月もすると、目の色もスタイルも変わってきます。贅肉がすっかり落ちて、精悍な戦士に変身しているのです。

彼らが変身できた理由は、心を入れ替えたというよりも、**仕事を変え、働き方を変え、生き様を変えた**ことにあります。結果、収入が変わり、生活ぶりが変わり、彼らの弟子たちが増えることによって社会的影響も変わっていき、そのどこかの段階で、心構えが変わっていったのです。

心というのは、一番変えるのが難しく、簡単に元に戻ってしまうものなのです。その気難しい心を変えるには、常に証拠を突きつけなければなりません。成功者が心のマネジメントが上手な理由は、毎日、どんどんお金が入ってくる、という証拠を誰よりもみずから見て確信しているからです。

「あの人のようになりたい」という憧れで門を叩く人はいません。「あんな生活ぶりができたらなあ」「金で苦労したくないなあ」という動機の人がほとんどです。

どうしてお金に苦労するかというと、地位や職種にこだわるからです。頭のいい人に限って運が向かないのは、納得できるかどうかにこだわるからです。納得しない限り踏ん切れないのです。後から納得してもいいのではないでしょうか。どうして先に納得しなければ動けないのでしょうか。

億万長者になりたければ億万長者と同じことをすればいいのです。弟子入りしてしまえば半年後には億万長者への道を歩めるのです。それでもしないのは、本当は億万長者になどなりたくないのです。店にはお客さんがいつも行列をつくっています。しかし弟子になりたいという志願者が行列をつくらなければならないのです。このギャップを見るにつけ、まだまだ日本は本当の不況にはなっていないな、と感じます。

「いいからやってみろ」と自分を鼓舞せよ

LIST 10 ピンチで「ジタバタ」しない

「どんな運命を辿るのか、それはその人の性格が決めている」と述べたのは芥川龍之介です。芥川でなくとも共感する人は多いと思います。

たしかに運命は性格が引き込んでいます。運命と性格とは別々のものではありません。運命によって性格がつくられ、性格によってさらに運命が決められるからです。

さて、性格とはいったい何なのでしょうか？　**性格とは心のクセのことです。**心の習慣のことです。プログラムが決まっているから、いつもいつも決まった考え方をするのです。ですから、他人でもあなたの行動や考え方、判断を簡単に読めるのです。

いつもネガティブに考えてしまう人は、期待通りにネガティブな事態を引き込んでいます。

運が悪いのではなく、性格が引き込んだ当然の結果なのです。いい悪いではありません。

トラブルが発生するとパニックに陥って、じっとしていられない。パニックとは思考停止のことです。右往左往することです。動かないと不安でしょうがないのです。いい換えると、不安感を消すために動き回って脳をトラブルから遠ざけようとするのです。冷静な判断や計算はできません。これではミスが増えます。

常に、一時災害よりも二次災害のほうが被害は大きくなるものです。**トラブルでパニックに陥ったときは、過剰反応しないようにすることが最優先です。**

ひと言でいえば、危機に際してジタバタしないこと。しかし、この「ジタバタしない」がなかなかできない。頭よりも体を動かしたほうが事態は好転する、と人は安易に考えたがるからです。

運をコントロールすることはできませんが、運を味方にすることはできます。万策尽きたというくらいあの手この手を考えるにしても、実は、最悪の事態はどうするか？　このままいけばどうなるか？　この二つを考えるだけでいいのです。万が一、最悪の事態を超える状況になったら？　そんなものは人智を超えたものです。神さまにしか解決できない問題だ、とすっぱりあきらめるのです。そんなものにイライラしていたら体がいくつあっても足りません。

幸運を呼び寄せる人は、絶望の中でもある部分、きわめて楽観的に考えている節があります。その楽観さは希望とは違います。**「あきらめ」から来ている**のです。どうせ最後は人間、死ぬんだ。早いか遅いかの違いだけだ。ここまで考えれば覚悟ができます。この覚悟が人間を強くするのです。

性格パターンが「運のよさ」につながる

第2章

仕事のムダ・ムラ・ムリをなくす10のリスト

要領がいい人の〝仕事の進め方〟

LIST 11 「説明」しすぎない

仕事ができる人、成功できる人は普通の人とはちょっと違います。それは表現力でも当てはまります。

マクドナルドをV字回復させた原田泳幸《えいこう》さんが、「もし商品を値上げするとしたら、お客さんにどう説明しますか？」と従業員に質問したことがあります。正解を聞いたとき、「やっぱりな」と私は思いました。というのは、二十年ほど前に私も似たような経験をしているからです。

あなたならどう説明しますか？

《その場を何とかごまかす》

□ええと、何だったっけ（説明内容を忘れてしまった）

《論理的に説明する》

□○○の原材料を△△して□□のように形を変えました

《美味しさをアピールする》

□より美味しくなりました。召し上がれば絶対にわかります！

お客さんの前で模範回答を忘れたら困ります。論外です。かといって、理屈で説明しようとしても、わかったような、わからないような。データを駆使して説明しても労多くして益少なし。なんの理解もしてくれません。たぶん、話せば話すほどお客さんは聞く耳を持たなくなるでしょう。ヘタをすると、勝手な理由だな、とかえって反感を覚えるかもしれません。

仕事ができる人は、頭ではなく胃の腑にストンと落ちる伝え方をします。お客さんを論破しようとは絶対に考えません。そんなことは僭越至極《せんえつしごく》。この勝負、説明したら負けなのです。

正解は最後の伝え方です。

「美味しくなったから値上げさせてください」「値上げはするけれど、すべては美味しさのためです」という説明なら、ならいいか、とストンと納得してしまうのです。中途半端に頭のいい人はロジカルに説明すれば納得してもらえるし、もし反論されても論破できる、と考えています。

こういう人が接客するとお客さんをどんどん失ってしまうのです。お客さんはストレスを感じさせる人や上から目線の人を感情的に受けつけません。

論よりセンスです。「氷が解けたら水になる」ではなく、「氷が解けたら春になる」という伝え方のほうが洒落ています。洒落ている＝ウイットに富んでいる。理屈を超越した表現だから受け容れやすいのです。

無理やり納得させられた、という圧がありません。ユーモアすら感じられます。

「一本取られた！」と感じる表現を喜んで受け容れるのです。**理屈で理論武装しても、人は絶対動きません。**

真面目な話にこそ「遊び心」を忍ばせる

LIST 12 意見を「ひと言」で伝えてみる

就活や転職時の面接では「一分間で自己PRをしてください」という定番の質問があります。

一時間かけてPRしようとポイントを外せば効果はありません。**ピンポイントでズバリPRできればうまくいきます。**一分間といわず、「ひと言」でいえばどうなるか、を習慣にしておくといいでしょう。

「ひと言でいえば」「早くいえば」が口癖だった人がいます。何回もご紹介してきた松下幸之助さんです。せっかちな人でしたから、人と会話しても、テレビのインタビュー番組でも、このフレーズをよく口にしていました。

「松下電器（現パナソニック）は何をつくっている会社ですか？」

まだ無名だったとき、外回りの営業マンがよく聞かれたそうです。

「松下電器は人をつくっている会社です。合わせてモノもつくっております。そう答えてや」

このひと言は彼自身、そうとう気に入っていたようです。メーカーのくせに、物づくりよりも人づくりが先にある。晩年、松下政経塾を立ち上げる理由もわかるような気がします。

参考までに、誰も知らないことですが、彼が政経塾をつくろうとしたきっかけは、一九七五年九月十二日、大阪高麗橋吉兆の茶室容膝軒での邂逅《かいこう》でした。亭主は吉兆の湯木貞一《ていいち》さん。正客は大徳寺如意庵の立花大亀《だいき》老師。そして次客が松下幸之助さんでした。ここで、老師から、「きみのおかげでこんなに心がない物ばかりのいやな日本になってしまった。きみの責任で直してもらわなければならん」といわれたのです。それから四年後に立ち上げています。

さて、ひと言PRですが、「会社設立の方針は?」と聞かれて、ある売れっ子脚本家は、「濡れ手で粟です」と即答したことがあります。

その通り、節税対策のために会社をつくったことは周知のことだったからです。この発言にスタッフがひと言で返しました。「うちは底なし桶で水を掬《すく》う、ですよ」。スタッフのほうが一枚上手でした。

「ひと言でいえば」「早くいえば」というフレーズは、せっかちな日本人だけには限りません。外国人と話していてもよく出てきます。プレゼンの途中でも、「What's your point?」とすぐに結論を聞きたがるのです。イライラしているわけではなく、プレゼンの内容にほぼ満足している証拠です。

このとき、「My point is...」と切り返せれば合格です。ああだこうだ、だらだらしどろもどろでは、「ご苦労さん」と追い返されてしまいます。

アメリカで大ヒットしたドミノピザにしても、遅い（だから、まずい）、冷たい、高いで人気のなかった業界に、「三十分以内にお届けできなければお代はいただきません」というワンフレーズで爆発したのです。長いＰＲなど誰も聞いてはくれません。「いつやるの？」「今でしょ！」――**短いからインパクトがある**のです。結果、脳にインプットされるのです。

「ひと言でいえば」「早くいえば」と常に考えると表現力が格段に改善されると思います。気の利いた表現ができるようになります。現代のような、自己ＰＲが必要な時代には必須のスキルだと思います。

「即答する」習慣をつけよう

LIST 13 子どもでもわかる「伝え方」をする

近年テレビで大活躍されている池上彰さん。そのわかりやすさには定評があります。元々はNHK社会部の記者。アナウンサーではありません。「週刊こどもニュース」という番組に、日々起きている時事問題のあれこれを、わが子に教えるお父さん役で出演したのがブレイクのきっかけです。

「官房長官というのは首相の女房役です」

「じゃ、エプロンしてるの?」

子どもの発想はぶっ飛んでいます。そうとう鍛えられたことでしょう。

プロの伝え方には三つの要素があります。

□正確な表現

□子どもでもわかる表現
□興味、関心、好奇心が湧く表現

まず正確に伝えること。同時に、わかりやすく伝えること。この二つは池上さんならずとも、人に何かを伝えるときに留意すべきキモ中のキモです。

子どもに鍛えられた池上さんは、以来、子どもでもわかる表現をするように変わったと思います。

たとえば、ニュースで「○○鉄道は運賃の引き上げを決めました」と読み上げるのが普通ですが、これでは子どもには伝わりません。いうなれば業務連絡を一方的にアナウンスしているに等しいのです。テレビという老若男女が見ているメディアではどう伝えればわかりやすいでしょうか？

「○○鉄道を利用しているみなさん、来月から運賃が上がりますよ〜」

視聴者に語りかけるように話せば、ああ、うちのことだ、と沿線住民は感じるでしょうし、一般視聴者も共感を持って受け容れやすいと思います。こういう伝え方が**同じ目線に立ったメッセージ**なのです。

「今日は暑かったですね」ではなく、「今日は駅まで自転車で行ったら汗ばんでしまいました」と表現すると現実的にイメージが湧いてきます。

先日、爆撃されたエルサレムにしても、どこかのアナウンサーが伝えていましたが、「聖地が集中する旧市街は一キロ四方あります」といってもピンときません。いったい広いのか狭いのかわかりません。わからないメッセージは独り言にすぎません。馬耳東風で報道価値はゼロです。

「東京ディズニーランドと同じ広さの中に三つの聖地（ユダヤ教、キリスト教、イスラム教）があるんです」といえば、へえ、そうなのか、とイメージが膨らみます。だから耳に自然とすんなり入ってくるのです。何より興味が湧いてきます。興味が湧けば、さらに調べようとしたり、勉強したりします。つまり、ひと言で人は動きはじめるのです。

無味乾燥な話は排除せよ！

LIST 14 問題を「限定」する

ご長寿テレビドラマ「渡る世間は鬼ばかり」や「おしん」で知られる人気脚本家、橋田壽賀子さんは、「洗い物をしながらでも（ドラマが）わかる脚本を書く」と述べています。なるほど、このひと言に橋田ドラマが大衆に広く受け容れられる源泉が理解できたような気がします。

ビジネスパーソンも参考になると思います。表現というのはロジックが通っていればそれでこと足りるほど単純なものではありません。橋田さんの脚本は台所仕事をしながらでも耳に入ってきますが、選挙演説など、どんなに絶叫しようと耳には入りません。「うるさい！」と耳をふさいでしまう人がほとんどでしょう。

自然と耳に入ってくる表現、思わず耳をふさぐ表現。いったい、どこがどう違うのでしょうか？　それは**人間の心を読んでいるかどうか**、です。人はどんなときに心を開くのか。どうすれば耳を傾けてくれるのか。ここがポイントです。

わかりやすく説明しましょう。

「ワープロが使えれば、あなたもインターネット・ショップが簡単につくれます」

「マウスをクリックするだけで、誰もがショップをオープンできます」

これはネットショップ・モールでダントツの勝ち組、楽天の三木谷浩史さんの表現です。九七年に創業して時代の寵児になり、一時、ＩＴバブル崩壊で株価は乱高下しましたが、その後、現在の大企業に成長していきました。彼が創業したとき、国内には二千二百ものネットショップが乱立していたそうです。まさに群雄割拠の戦国時代でした。ところがほとんどのショップは利益を出していなかったのです。

いったいどこがどう悪いのか？　そこで、数少ない売上快調ショップとほとんどのダメショップをリサーチしたのです。

□市場の問題点は何か？

□儲かる店、儲からない店の相違点は何か？
□お客さんは何が不満なのか？
□自分たちができることは何か？
□それはどこにもない付加価値なのか？
□お客さんは飛びつくか？
□どう伝えるか？
□その表現にはインパクト、サプライズがあるか？

とことん考えて、一つの結論にいたりました。

売り方が悪い！　この一点です。山ほど問題があったとしても、あれもこれも解決しようとせず、一番大きな問題を一点に絞り込むことが成功のポイントです。ネットショップが儲からない一番大きな理由は、ヘタな売り方にありました。

「ネットショップをつくってあげるからカタログをつくって持ってきなさい。初期投資に百万円、月間三十万円、売上の十五パーセントをよこしなさい」では、儲かるわけがありません。儲からなければ、みなやめてしまいます。続ければ続けるほど赤字が膨らむのですからしょうがありません。結果、ネット業界は構造不況になってしまったのです。その原因が自分たちにあることに業界は誰も気づいていなかったのです。

悲劇ですが、三木谷さんにとってはチャンスです。さっそく彼が始めたことは、料金は五万円ぽっきりの低価格にする。そして企画から運営、売り方まで、ノウハウを懇切丁寧に指導することに切り替えました。それだけではありません。今まで参入に二の足を踏んでいた顧客に極めつけのひと言を投げかけたのです。

それが「ワープロが使えれば……」というメッセージなのです。こうして集客に成功するのです。

やっぱり**成功する人は他人と同じことをしていません。**その他大勢から頭一つ抜け出すには同じことをしていたらできないのです。

「正攻法」が通じないときこそ、チャンスと考えよ

LIST 15 「しないことリスト」をつくる

誰しも「To Do List」は知っていると思います。たとえば、今日すべき仕事、今週すべき仕事、今月すべき仕事をポストイットなどに列挙し、優先順位づけをし、一つ一つその順番通りにきっちりこなしていく、という仕事の進め方です。手帳にスケジュールを書き込むのも基本的にはこの方法です。

少ない時間にいろいろ詰め込もうとして、「To Do List」をつくる人はたくさんいると思います。仕事の段取りとしてはいいのですが、要領という視点から見ると、優先順位の通りに仕事をすることと、それによって時間が短縮できるか、生産性がアップするか、結果として早く目標を達成できるかどうかは、無関係なのです。

そこで、私が考えたのは「To Do List」ではなく、逆の**「Not To Do List＝しないことリスト」**なのです。「すべきこと」から「しないこと」へという逆転の発想です。

「To Do List」で目標を明確にし、優先順位と段取りを決めると同時に、「しないことリスト」を列挙して、一つ一つ潰しておくと、仕事が飛躍的にスピードアップします。

NHKのテレビ番組に「テストの花道」があります。視聴層は中高生や予備校生などの受験生ですが、司会の所ジョージさんやTOKIOの城島茂さんの楽しい会話で、ビジネスパーソンにも人気があります。

先日、番組で私の『仕事ができる人の「しないこと」リスト』（三笠書房）という本が取り上げられ、実際に、高校生たちに「しないことリスト」を作成してもらって、どのくらい効果が上がったかを番組で実験。結果は、三人の高校生が全員、驚異的な成果を出してしまいました。

「To Do List」をつくって目標を掲げることも大切ですが、ついつい時間を浪費してしまう要因を思い出して、一つ一つ、「しないことリスト」として書き出してみましょう。すると、友人との長電話、テレビを見ながらの勉強、雑誌に手を伸ば

すなど など、勉強に集中できない要素が山ほど見つかりました。こういう阻害要因があるから、勉強に集中することができないのです。

やるべきことより、やってはいけないことをピックアップして一つ一つ潰していくと、いつも、ないと思っていた時間が本当はあることが判明したり、スキマ時間でも集中すればかなりの勉強ができると気づきました。何より、「しないことリスト」によって**今までの習慣（ほとんどが時間を無駄に使ってしまった悪弊）を見直すきっかけができた**ことがよかった、と思います。

私も驚いてしまったのですが、彼らはディレクターの指示ではなく、みずから創意工夫して「しないことリスト」をつくったのです。一日四～五回もある休み時間や部活の後の時間、友人と一緒に帰る時間などを対象に「しないことリスト」をつくっていました。

「ダラダラ過ごさずに英単語を覚える」と決める。これは「Ｔｏ Ｄｏ Ｌｉｓｔ」です。これを「しないことリスト」にするとどうなるか？

□休み時間はダラダラ会話しない
□部活の後にファミレスやコンビニに立ち寄らない
□ケータイで十分以上話さない

たったこれだけでも、なかったはずの時間が具体的に発見できるのです。

「しないことリスト」を壁などのいつも見るところに貼りつけて、常に意識して勉強する高校生もいました。一つ一つ声に出して、「しないことリスト」に意識を向けようとする高校生もいました。

もちろん、この世代は友だち関係が大切です。何度も誘いを断っていると仲間外れになるかもしれません。最初のうちは「なるべく」「できれば」というゆるめの縛りでいいのです。そして一週間続けてそこそこうまくいったら自分にご褒美をあげてください。

「捨てる発想」が肝心

LIST 16 「損得」にはシビアになる

交渉を英語では「negotiation」といいます。「ネゴ」「ネゴる」という言葉はすでにビジネス用語として定着しています。

しかし、「ＢＡＴＮＡ」といってもほとんどの人は首をかしげるでしょう。これは「Best Alternative To Negotiated Agreement」の略で、アメリカのビジネスパーソンは頭文字だけを取って「ＢＡＴＮＡ」と呼んでいるのです。**「相手と合意できなかったら代案を提案しよう」**という意味です。「なんだ、当たり前じゃないか。そんなことは私だってやっている」というならいいのですが、さて、どうでしょうか。

たいていの交渉ごとは百パーセントどちらか一方の要求だけが叶えられる、というケースはめったにありません。あなたのあれは認めよう、その代わり、私のこれも認めてほしい、という交換条件やバーター取引になるものです。これが現実的です。しかし、このとき、**ポイントは、交渉を始める前にこのBATNAを見つけておくこと、が重要なのです。**

たとえば、あなたが今の車では燃費が悪いので軽自動車に乗り換えるとしましょう。ディーラーを覗いて交渉します。

「この車、隣のディーラーで百万円だったけれど、それ以上安くならない？」

「一万円引きますよ。そのかわり、今ここで決めてください」

本当は九十五万円でも売りたい、と思っていたのです。一万円引くなら三万円くらいいけたかな、と思っても後の祭りです。百万円出そうという腹づもりがあるから、手の内をいきなり明かしてしまったのです。

「なら、いいや。今の車をまだ乗り続けるよ」

これは強みです。つまり、無理に買い換える必要はない。九十万円まで下がらなければ買わない、と決めておけばいいのです。そうすれば立場は強くなります。まして決算期ならば損を覚悟してでも売ってくれるかもしれません。

BATNAには重要なポイントが三つあります。

□要求の優先順位を明確にしておく
□あくまでも損得勘定で臨む
□無理に妥協しない（まとめる必要はない）

つまり、不利な交渉には乗らないでいいのです。BATNAより悪条件ならば決裂させてもいいくらいです。むしろ、そのほうがいいでしょう。

交渉ごとはビジネスだけでなく、外交も含めて、ありとあらゆる場面でもっとも重要なのですが、日本人はあっさりしていてもっとも苦手とする分野です。

何日にもわたる長時間の交渉にもすぐに音を上げてしまいます。アメリカでも中国でも韓国でも猛烈に粘り強いです。途中で交代することなく続けます。このタフさに日本人はついていけずに理不尽な要求を飲んでしまうことが少なくありません。

交渉ごとには「理＝ロジカルシンキング」はそれほど重要ではありません。交渉ごとは論理に適《かな》っている必要はさらさらありません。論理などというものはいい加減で、ディベートゲームでもおわかりの通り、イエス、ノー、どちらにも理屈は成立するのです。

一番重要なことは損得勘定です。損するならやめる、得するなら進める。これだけです。これ以外の要素は雑音です。

相手の立場や得失を思いやる必要はありません。なぜなら、相手はあなたには及びもつかない損得勘定で臨んでいるからです。あくまでもエゴに固執して突っ張るだけ突っ張る。これがＢＡＴＮＡの鉄則です。そして、こういう利害の衝突を何度も繰り返すうちに落ち着くところに落ち着くのです。

短期間でまとめなければならないと圧倒的に不利ですから、交渉ごとはなるべく早めに始めてしまうことが賢明です。

「譲れないライン」は死守せよ

LIST 17 「ゴリ押し」は避ける

交渉は「ギブ・アンド・ギブン」でも「テイク・アンド・テイク」でもありません。あくまでも「ギブ・アンド・テイク」です。

「ギブ・アンド・ギブン」とは、ライオンに肉を与え続けたら、いつか草食動物に変わると思い込んでいるような交渉法ですから、やらずぶったくり相手ではいいようにやられるだけです。かといって、「テイク・アンド・テイク」は一方的に分捕るだけ分捕って相手から恨まれるだけで、交渉としては最低レベルです。

まず与えましょう。交換にこちらにも与えてもらいましょう。これが「ギブ・アンド・テイク」です。

金児昭さん（信越化学工業の元常務、現顧問）の勤務していた会社はデフレ不況、大震災下でも連続して増収増益を続けている優良企業ですが、彼は一時期、従業員七人の小さな会社に出向していたことがあります。仕入れから販売、代金回収、得意な経理まで、すべて一人でやらなくてはいけません。

あるとき、懇意にしている得意先から売掛金が回収できなくなってしまいました。いくら請求しても、お金がないの一点張り。たしかにそれしかいうことはなかったのです。上司に報告すると、「なんとしても回収するように」と絶対命令。いやな仕事をするために給料をもらっていることは重々承知していても、その会社の実情がわかっているだけに、無理強いはできない、と悩んでいました。かといって、回収しなければ会社を裏切ることになります。

得意先を立てれば会社が困る。会社の意向を押し切れば得意先が困る。あちらを立てればこちらが立たず。いったいどうすればいいのでしょうか？　あなたならどうしますか？

ここはいったん実情を正確に聞き出してみよう。対応はそれからです。情報がなければ手を打てません。情報さえあれば何かいい知恵が湧くかもしれません。

問題は資金繰りにありました。どこの企業も資金繰りで悩んでいるのです。資金繰りが厳しいのは、資金がないからです。融資や社債が可能ならばいいのですが、できたらとっくにやっています。資金が足りない理由は利益が少ないからです。利益が少ないのは、売上が上がらないか、コストがかかりすぎているか、このいずれかか、あるいは両方のはずです。

一番大きな問題を突き止めました。売上が足りない。これです。

「お金ができれば代金は払ってもらえますね?」「もちろん、金ができればすぐ払います」

金児さんがしたことは、この会社の製品カタログをつくって、それを持って、いろいろな会社に売り込むことでした。そんなことはその会社がすべきことだ、と反論されても、儲けなければ支払い能力はないのですから、よその従業員もなにもあったものではありません。緊急事態なのです。もちろん、その会社の人たちも懸命に売り込みました。そして、しばらくすると業績が上向いてきたのです。最終的には代金を全額回収できた、といいます。

金児さんがしたことは次の四つのうちのどれでしょうか?

□得意先も損し、自分の会社も損する
□得意先は得するが、自分の会社は損する
□得意先は損するが、自分の会社は得する
□得意先も得し、自分の会社も得する

もちろん、最後の「どちらも得する」というパターンです。これが典型的な「**Win・Winの関係**」づくりです。

「買ったら代金を払うのが当たり前」「こちらが正しいのだから強く要求するのは当たり前」という論理は正論です。しかし現実的にはゴリ押しで、所詮、問題解決からはほど遠いことは誰でもわかります。問題は代金を払ってもらえないこと。払えないものは払えません。ならばお金をつくる。その後できっちり回収する。これが現実的な対処法です。

交渉ごとはどちらか一方が得して、どちらか一方が損しては必ず齟齬を来してしまいます。「騙された」「いつかリベンジしてやる！」というように、損したほうに禍根を残してしまうからです。こんな関係が長続きするわけがありません。

では、どちらも損する関係はどうかというと、これまた長続きしません。なぜなら、「あそことは二度と取引しない！」と過去の損失が祟《たた》ってブレーキになってしまうからです。

どちらも儲かる「Ｗｉｎ‐Ｗｉｎの関係」がいいに決まっています。

気持ちのいい「ギブ・アンド・テイク」を狙え

LIST 18 人と「打ち解ける」コツをつかむ

交渉にはたくさんのノウハウがありますが、覚えておくと、いざというときに役立つ小技をいくつかご紹介しておきましょう。とくに初対面が一番大切です。

初めて会うときというのは、お互いに疑心暗鬼で緊張しています。騙されないぞ、という気持ちで臨んでいる人も少なくありません。つまり、最初は氷のように冷えた関係なのです。

この関係をなんとかすることを「**アイス・ブレーキング**」といいます。氷を溶かすように、お互いの緊張感を解きほぐす、という意味です。

テーブルについていても、緊張のあまりガチガチになっている人を見かけますが、相手に緊張感が伝染するか、あるいは「しめしめ。こちらの思う壺だ」となめられるのがオチです。氷の関係をまずは温めましょう。そうすると緊張も解けて和やかに話し合うことができます。

□明るい挨拶

たとえ戦争中の敵国との交渉でもまずは握手から始まります。アメリカの心理学者レナード・ズーニンは**「第一印象は最初の四分間で決まる」**といいます。初対面で好感度が低いと盛り返すのは至難の業です。

□相手との共感づくり

エレベーターでは挨拶しないのに（外国人はよくします）、犬の散歩中とか釣り場や登山の最中にすれ違うと必ずお互いに挨拶します。見知らぬ人とは口をきかない日本人でもそうします。

犬の散歩、釣り場、登山に行く人は挨拶好きなわけではありません。「同好の士」という共感のネタがあるからです。早い話が仲間意識です。

相手のパーソナリティやキャラクターを調査して、趣味や学校、出身地、好きな食べ物など、**自分との共通点を調べ上げておく**のです。

「見事な庭ですね。ちょっと拝見。すばらしい盆栽だなあ。私も盆栽をやっているんですけど、こんなにすごいのは見たことがありません」

わが家にきた営業マンですが、このひと言でまんまと入り込んでしまいました。訝《いぶか》しげな相手の胸襟を開いてしまう。相手の心が開かないうちは何を語りかけても効きません。

□一緒に飲食する

「同じ釜の飯を食った仲」という言葉がありますが、食事をしながら、お酒を飲みながらの会話は話に花が咲くことが多いのです。飲めない人も少しはグラスに口をつけます。さしつさされつということもあるかもしれません。すると、仲良くなるのです。

接待は高度なセールス手法ですが、そこまでいかなくても、酒席は効果抜群です。なぜかというと、饒舌になり、いろいろな話が出てくるからです。とくに、日本人の場合、酒席では仕事の話はしない、という暗黙のルールがあります。これが実はくせもので、酒席や接待は完璧な仕事なのです。しかもかなりの立場の人が出てきますから、仕事でないわけがありません。

趣味の話、赴任先での思い出話、家族の話まで出てきたら、共通する話題も見つけやすくなります。

ああ、この人は学生時代、○○さんの後輩だったのか。よし、明日、彼に確認してみよう、というように、プロファイリングができてしまいます。すると、攻めやすくなります。ビジネスは戦争です。武器は情報です。接待漬けで籠絡《ろうらく》するなど下の下です。酒席でなくとも、訪問していろいろコミュニケーションをとる中で情報はいくらでもつかめます。

アルコールが苦手でも関係ありません。**飲まなくても楽しい雰囲気を壊さない人ならば誰でもできるのです。**

冷えた関係が温まると、次のステップにスムーズに移行できます。

「好感」は、努力のなせる業

LIST 19 相手に「利益」を示す

資格で飯は食べられない。よく聞く言葉です。もちろん、資格がなければ店開きもできない職種はたくさんあります。

弁護士でもないのに弁護士活動はできません。医師でもないのに診察や治療はできません。にもかかわらず、非弁行為や偽医者問題で逮捕される人が絶えません。絶えないということは、商売として成り立っている、ということですが、果たして、この業界はそんなに需要があるのでしょうか?

残念ながら、そんなに甘くはありません。弁護士事務所をオープンしたのはいいけれど、年収百万円未満が二割もいるのです。医師、歯科医にしてもお客さん（患者）が来なくて廃業するケースが後を絶ちません。資格では本当にメシが食べられない時代になっているのです。

資格はあって当たり前。あえていえば、店開きするための「許可証」にすぎません。繁盛するかどうかは資格とはまったく関係がありません。

資格を持った人同士が競争してお客さんを勝ち取らなければならない。そういう意味では、家賃を払えずに追い出されたオフィスレス弁護士はみな、採算ベースに合うだけのお客さんを持っていなかったから、マーケットから強制退場されてしまったのです。

どうしてお客さんが集まらなかったかといえば、お客さんの期待に応えることができなかったからです。

裁判に勝てない弁護士に仕事を依頼する物好きはいません。最近は裁判よりも和解にするケースが急増していますが、メリットのある和解条件にうまく持ち込めなければ、お客さんは不利益を被ってしまいます。利益を勝ち取れない弁護士は嫌がられますから、信用を失い、お客さんを減らしてしまいます。

この業界には「三割司法」という言葉があります。日本で起きている紛争の解決に司法が関わっている比率は三割しかありません。残りの七割は事件屋とか示談屋という連中が介入して片づけられているのが現実です。

ところで、相手を思い通りに動かすには三通りの方法しかありません。

□合法的に脅かす
□利益を与える
□ひたすらお願いする

この三つのうち、どれが一番効くと思いますか?

正解は「利益を与える」です。この利益にも実は二通りあり、一つは相手方の利益になるもの。もう一つは、実際には存在しない利益＝レトリックによる利益です。わかりにくいかもしれませんが、たとえば、「この交渉でこちらの主張に乗らなければ、こういうデメリット（トラブルや困ること）が出てきますがよろしいですか?」という伝え方です。限りなく「合法的に脅かす」に近いですが、これも「利益を与える」という方法なのです。

相手の不当性を追及したり、論破したり、いくら訴えたところで、法廷では何の役にも立ちません。水掛け論の応酬になるだけです。交渉にハッピーエンドはありません。

優先順位の筆頭はお客さんの納得できる形で解決することです。これさえ押さえておけば法律はどう使ってもいいのです。実は、この交渉法は橋下徹さん（大阪市長・日本維新の会共同代表）が得意な方法で、弁護士時代の著書にも詳しく書かれています。

お客さん（クライアント）の期待にどれだけ応えられるか。どんな仕事もこれで勝負は決まります。お客さんとの人間関係を築く。儲かっている人はみな、お客さんとの人間関係がとってもいいのです。年商百万円未満の弁護士もいるというのに、お客さんからの口コミでどんどん仕事を増やしています。

資格は業界に入るパスポートにすぎません。お客さんをつかむこと、人間関係を上手につくること。これが一番重要です。

「命令」で人は動かない

LIST 20 積極的に「感謝」する

職場にはたくさんの死語があります。**一番重要な言葉は「ありがとう」です。**

これほど美しい日本語はありません。

ハワイの精神医学者イハレアカラ・ヒューレン博士は四つの言葉を大切にするように述べています。

□ありがとう
□ごめんなさい
□許してください
□愛しています

これらを自分の内に向かって唱え続けると、内の問題がクリアになるばかりか外的問題も解消する、と述べています（秘法「ホ・オポノポノ」）。

この四つの言葉の中で日本人が以前はよくいっていたのに、最近、急に口を閉ざしているのが「ありがとう」です。


「ありがとう」と「ごめんなさい」を混同している人がたくさんいます。たとえば、営業マン。契約が取れた。ものが売れた。そのときのお客さんに何といいますか？　ありがとうございます、です。

果たしてそういっているでしょうか？　周囲の声をよく聞いてみてください。「どうもすみません」といっている人が三割から五割はいます。以前、法人営業マンをしていたときも先輩はいつもこればかりでした。

日本人は世界一謝っている国民です。なにかというと、「どうもすみません」を繰り返しています。満員電車で席を譲ってくれた若者に対しても、「すみません」です。どうして謝るのでしょうか？　何か悪いことをしたのでしょうか？　坐りたかったのに席を取ってすみません、という意味でいったのでしょうが、若者は謝ってもらいたいから譲ったのではありません。

「ありがとう」「ありがとうございます」が正解です。

託児所に小さな子を迎えに行った母親が「ごめんね」。ママは悪いことをしている、と子どもは勘違いしてしまいます。「ずっと待っていてくれてありがとう。えらかったね」が正解です。

どうして、こんな簡単な言葉を間違えてしまうかといえば、普段使っていないからです。人は使っている言葉しかボキャブラリーにはありません。「ありがとう」という言葉よりもはるかに頻繁に「ごめんなさい」「ごめんね」という言葉を使っているからです。つまり、この人たちは他人に感謝することが圧倒的に少ないのです。残念ですが、語るに落ちる、というやつです。

日本語の乱れを指摘する人がたくさんいます。「ほんのさわりを紹介しました」という「さわり」は「出だし」とか「頭の部分」、あるいは「ちょっとした些細な部分」という意味ではありません。「さわり」とは「クライマックス」のことです。しかし、こんな日本語よりも「ありがとう」という言葉をきちんと使うことを勧めたい、と思います。なぜなら、仕事でも人生でも効果抜群だからです。

店を出るとき、「ありがとうございます!」と大きな声をかけてくれたら、よし、また来るよ、となります。サービスなんてそんなに難しいことではありません。お客さんの身になればわかることばかりです。

「お父さん、ありがとう」と嫁入り前の娘がひと言。くさい芝居のようですが、このひと言がどれだけ効くか。あれだけ反対していた父親がほろりと来て、やせ我慢も打ち止めです。

「ありがとう」「ありがとうございます」という言葉はすべての氷を溶かす最強の言葉です。どうしてそんな強いかといえば、人間は感謝されると「生き甲斐」や「存在価値」を感じ、エネルギーがチャージされるからです。

「すみません」をいうくらいなら「ありがとうございます」

第3章

要領がいい人の〝時間の使い方〟

一日の生産性をガラリと変える10のリスト

LIST 21 仕事を「差別」する

すべての仕事を同じようにやってはいけません。どんな仕事にも濃淡と軽重がありますし、重要なものにはたっぷりと、そうでないものにはそれなりにと、メリハリをつけると時間を上手にやりくりできます。何より仕事の結果が大きく変わってきます。すべてを同じ時間、同じ努力、同じ労力で取り組もうとすると、どうでもいい仕事に手間暇をかけてしまって、その分、重要な仕事で手を抜いてしまうのです。仕事には差別主義で臨みましょう。

仕事ができる人もできない人も一日は二十四時間。限られた「持ち時間」の中でパフォーマンスを最大にするには「えこひいき」がポイントになります。

「その仕事の打ち合わせには一時間も割けない。十分にしてくれ」という人のほうが悔しいですが仕事ができます。

前著『「頭のいい人」は、シンプルに仕事する！』（三笠書房）で詳しく触れたので、本書ではポイントだけご紹介しておきたいと思います。

仕事には三種類あります。

□こなす仕事

誰にも任せずに自分が必死になって取り組む仕事です。

□さばく仕事

できないこと、苦手なことは、できる人、得意な人に任せてしまいます。

□はしょる仕事

すぐにやらずに先送り、後回しにします。はなからやらないと決めます。

この三分類は私の仕事法です。二十代からこのスタイルで臨んできました。**仕事が飛び込むと、この仕事はいったいこの三つのうちのどれだろう、と分類します。**すべてを「こなす仕事」と思っている人はくたくたになって残業ばかりしているのに仕事の密度は薄く、結果として成果はあがりません。

一日は二十四時間しかありません。このうち、自分がすべき仕事が八時間しかなければ、他の仕事をこなせる時間は限られてきます。生産性を高め、仕事量を増やすには、他人の時間を買う＝アウトソーシングをすればいいのです。その分、あなたの時間は奪われないで済みます。あなたの分身、あなたの代行者を用意して効率よく仕事を回せばいいのです。

優先順位の低い仕事はしばらく放って様子を見ます。不思議なことに、こういう類の仕事はそのうち消えてなくなってしまうのです。こんなものは死ぬほど暇になってからやればいいのです。

仕事のできない人は「注文順」に仕事をしがちです。同じような仕事はまとめて処理してしまえばいいものを、指示されるとその都度いちいちやろうとするのです。だから、ロスが多いのです。

些末な仕事に即、時間を投下してしまうと損です。やらねばならないことはもっとキモになる仕事です。メリハリが大切になります。一億円のプロジェクトと百億円のプロジェクト、百万円のプロジェクトを同じように考えてはいけません。大切なお客様にはそれなりの時間を投下するのは当然です。**こういう「えこひいき」のことを「差別化戦略」というのです。**

仕事が飛び込んできたとき、いったいこの仕事は三分類のどれに入れるかを考えましょう。

「その仕事」は、後回しにすべきか、すぐやるべきか

LIST 22 できる人に「任せる」

ひと言で「頭がいい」といってもレベルが分かれます。どう分かれるかというと、頭の良さとは偏差値だとか知識の多さとかではまったくありません。

私の知人にアメリカの大学院で二つも博士号を持っている人がいます。まさしく「歩くウィキペディア」と呼ばれるほどの博覧強記です。しかしこの人が果たして成功しているかというと、彼を知る誰もが、仕事でなければつき合いたくない、性格は偏屈で独りよがり、ケチで偏狭で話にならない、というのです。残念ながら、私もこの評価は当たっているな、と思わざるを得ません。

一方、高校中退（つまり中卒）で起業し、経営も収入も人間関係もうまくいっている友人もいます。実は、彼はその歩くウィキペディアを従業員として使っているのです。偏差値ではかないません。知識や情報の質でも量でもかなわないでしょう。

しかし、どうしてこれほど立場が逆転してしまったのでしょうか？　**社会では、座学ではなく実学がすべての成功を決めるようになっているから**です。

ヨーロッパや中国は生まれたときに将来が見通せます。小学校を卒業する頃には人生のレールがほぼ決まってしまいます。しかし、日本ではそんなことはありません。社会に出てからが本当の勝負です。叩き上げで成功している人はたくさんいます。五十年前まではアメリカもそんな国でしたが、今や見る影もありません。

そんなアメリカに、かつて、「鉄鋼王」と呼ばれる偉人がいました。カーネギーホールで知られるアンドリュー・カーネギーです。彼の自伝は世界的ベストセラーですから、名前はご存じでしょう。この人の墓碑に何と書かれているか？

「われより優秀な人を使いし人、ここに眠る」

日本でも、「学はなくても、商売で成功すれば、学のある人を使うことができる。おまえは商売で身を立てなさい」と、九歳のときに父親からいわれた松下幸之助さんは日本のカーネギーと呼ばれました。

世間で成功している人の多くは、スーパーマンのように一人で何でもできる人ではありません。**自分でできることとできないことを線引きして、できないことはできる人に全面的に任せた人が成功しています。**「餅は餅屋」といいますが、専門家を活用すれば、できないこともできるようになります。

こういう真理のわからない人は何でも自分でやろうとします。人に任せることができません。できないことを独力でいくらやっても効率が悪いだけでなく、結果もはかばかしいはずがありません。マラソン選手に水泳をさせるようなものです。無益とはいいませんが、才能の無駄遣いであることはたしかです。

人間には得手、不得手があって当たり前である。**自分の得手、不得手をよく知る。そして、それをカバーできる人を見つける。**これができれば成功は手の届くところにあると思います。

できる人は、「他人の頭」を使う

LIST 23

仕事の価値を「目算」する

頭のいい人は仕事が速いです。どうして速いかというと、最初に、仕事の時間計画を立てているからです。

この仕事は時間をかけていいものなのか、ちゃちゃっとすべきものなのか。この違いをきちんと判断しておかないと、時間をかけるべき仕事で手を抜いたり、逆に、時間をかけてはいけない仕事をバカ丁寧にやったりすることになるからです。

では、どんな仕事なら時間をかけてもよく、どんな仕事は時間をかけてはいけないのでしょうか？

□時間をかけてもいい仕事＝戦略＝仕事のプランニング（計画・企画）

□時間をかけてはいけない仕事＝戦術＝仕事のオペレーション（実行・運用）

仕事をするとき、一番大切なことはプランニングです。どんな仕事を、どのように誰が、いつ、いつまでに、誰とチームを組んでどれくらいのコストを使って、どんなやり方で取り組むか、です。一方、オペレーションとはそれらのプランを実行に移すことです。一心不乱に誠実に邁進《まいしん》すればいいのです。

建築でいえば、設計図を描く仕事がプランニングです。実際に現場で建てる作業がオペレーションです。仕事と作業の違いを認識しておいてください。

どうして、プランニングに時間をかけていいかというと、設計図が間違っていたら、どんなに優秀な大工さんが腕をふるおうと欠陥住宅しか建たないからです。大本営作戦参謀として、シベリア抑留十一年の後、伊藤忠商事に入社して会長まで上り詰めた瀬島龍三さんの**「戦略のミスを戦術でリカバーすることはできない」**という通りなのです。

正しいプランニングであればこそ、熟練した大工はスキル＝知識、経験、技術を投入して最短時間で作業を進めることができるのです。作業が早く進められるように「道具」を使います。道具とはスキル、ノウハウのことです。仕事ができる人はプランニングだけでなく、効率的に作業を進める道具、スキル、ノウハウなどの手法もよく知っています。穴を掘るには、手よりショベル、ショベルよりブルドーザーのほうが早く終わることを熟知しています。

仕事にはいくら時間をかけてもいいのです。なぜなら、一番付加価値が高いからです。しかし、「作業」には必要以上に時間をかけてはいけません。時間短縮のためにいろいろな道具を活用するのもそのためです。

時間ばかりかけているのにろくな成果が得られない、という理由は、プランニングに問題があります。

仕事と作業の投入量が逆転し、プランニングがいい加減だったために時間切れで、ろくな設計図もないままに見切り発車してしまい、後は現場に任せた、と丸投げした結果でしょう。

こんな状態で仕事を丸投げされたらどうなるでしょう？　大工がデザインを考えるわけではありません。設計図がなければ作業はまったく進まないのです。杭一本打つことはできません。

これから仕事をするとき、まず考えるべきことは、この仕事は時間をかけてもいいかどうか。どのくらい時間をかけるべき仕事なのかを目算することです。価値を見積もること。そうして設計図を仕立て上げるのです。

戦略ミスは「致命傷」になる

LIST 24

時間の「密度」を上げる

　仕事ができる人、何をやっても成功する人は必ずハンパない集中力があります。何事にも集中して取り組みますし、集中できる時間、集中できる環境をつくろうと意識しています。

　時間活用のキモは量より質です。勉強でもそうですが、徹夜でダラダラやるより短くても集中するほうがはるかに成果は上がります。

　集中力とは何かといいますと、普段ならとてもできないこと、いつもと同じやり方ではとうていできない仕事をプラスαの力を引き出してやり遂げてしまう能力のことです。

　百しか能力がない人はどんなに頑張っても百しか出せません。ところが、普段はあれもこれもに使っているから百どころか半分くらいしか発揮できていません。この分散したパワーを一点に集めてしまうから、今まで不可能だったことができるようになってしまうのです。

頭のいい人、仕事ができる人、何をやっても成功してしまう人に共通することは次の要素です。

□やるべきことを（仕事や勉強という目標）
□やるべきときに（タイミング）
□徹底的に（集中力を投下して）**やり抜く**

どれが欠けてもいけません。目標がなければ人は動きません。タイミングを外したらどんな強打者でも空振りです。何より集中力を投下することが一番重要です。集中力とは無理をしたり、無茶をする必要はありません。他に分散していた能力を一点に注ぎ込むだけでいいのです。

たいていの人は、自分がどれだけ能力があるか、ギリギリまで引き出したことがないと思います。だから、一度、徹底的に集中して引き出してみるといいのです。

たとえば、私はかつて東洋経済新報社という会社に勤めて、政財界首脳にインタビューし、それを活字にする仕事をしていました。このとき、十二時間インタビューして一週間で一冊の本にまとめる仕事をピーク時には月間五冊もこなしていたのです。自著を三日で書き上げたこともあります。あれから二十年経ちますが、おそらく、今でもできないことはないと思います。

釘や錐《きり》の先は尖っていれば、どんなに堅い木でも通してしまいますし、太陽光を凸レンズで集めれば火をおこすことだってできます。小さな穴に何トンもの圧力をかけて放水すれば、厚さ三十センチの鉄板に穴を空けてしまいます。つまり、集中力とは不可能を可能に変えてしまう「魔法の力」なのです。

極限まで自分を追い込むと、力の出し方がわかる

LIST 25

「メリハリ」を旗印にする

「80：20の法則（パレートの法則）」をご存じだと思います。イタリアの統計学者ヴィルフレド・パレートが発見した法則です。

周囲を見てください。あなたの会社では、売上の80％は売れ行きのいい上位20％の商品で占められ、上位20％の営業マンが売上の80％を稼いでいるはずです。これは仕事だけではなく、町内会の役員の発言数からクラス会の予算にいたるまで、この比率で構成されているのです。

重要な20％さえ処理してしまえば残った80％は終わったも同然です。

頭のいい人はこの法則をよく知っています。自分が抱えるすべての仕事に対して、公平に平等に能力や予算、コストを投下することは決してありえません。これは重要だ、これはリターンが大きい、これは難しい、という「キモの仕事＝VIP（Very

Important Points)」を特別扱いしているのです。この特別扱いのことを日本語で「メリハリ」といいます。

頭のいい人はこの20%のVIPにすべての持ち分のうち80%を投下しています。残りの80%の仕事は余った20%で十分できる、というわけです。これがメリハリです。

一方、頭の悪い人はすべての仕事を同じ調子でダラダラやってしまうのです。メリハリとダラダラの違いが仕事と人生において勝ち組と負け組をくっきり分けるのです。

メリハリ仕事とダラダラ仕事。この二つと集中力の関係がどうなっているかというと、メリハリ仕事＝集中力を出すべき仕事です。ダラダラ仕事＝集中していない仕事なのです。これではうまくいくはずがありません。

ここぞというときに最高の集中力を引き出すことを**「ピーク・マネジメント」**と私は呼んでいます。このピーク・マネジメントは、古今東西、いろいろな人が工夫をしています。

頭のいい人は、こうすれば集中力が湧いてくるという独自のノウハウを持っています。

たとえば、イチロー選手はバッターボックスで何度もバットを回して、投手に向けて高く掲げたりしています。松井秀喜さんが現役時代、打席で肩を小刻みに上下させる行為もそうです。相撲などの取り組みもそうです。対戦相手がどちらも集中力を発揮できるように、行司がタイミングをコントロールしていることにお気づきでしょうか。立ち会いの平均時間はせいぜい十秒です。にもかかわらず、関取たちは四時間前には支度部屋に入って精神を集中しているのです。土俵に上がれば上がったで何度も塩を撒いて、見合って、気合いを十二分に漲《みなぎ》らせていきます。

すべての力を一点に集中すればとんでもないパワーが自然と出ることがわかっているのです。

「2割本気、8割ほどほど」で構わない

LIST 26 「動いてみて」考える

世の中にはグズな人も多いしドジな人も多いと思います。グズとドジは別物です。この点をまず認識しておきましょう。

グズとはスタートを切るのが遅い人のことです。どんなに失敗しようと、せっかちな人やフライングするような人は決してグズとは呼ばれません。では、こういう人は何と呼ばれるかというと、ドジと呼ばれるのです。グズとドジは似てまったく非なるものなのです。

グズと呼ばれないためにはさっさとスタートを切ってしまえばいいわけです。とはいっても、むやみやたらに始めたところで何にもならないでしょう。いったいどっちに向かって走ればいいかわからなければ話になりません。

スタートラインに立ったとき、すでにゴールまでの道のりをイメージできているか

どうか。これが「素早い人」と「要領の悪い人」の分岐点です。シナリオのある人は迷わずスタートを切り、その後も前進できます。しかし、シナリオのない人は地図も磁石も持たずに砂漠を横断するのと同じで、スタート直後にいきなりブレーキがかかって立ち止まってしまうのです。

あいつは何をしているんだろう？　周囲にはグズに見えてしまうのです。

グズから抜け出す方法は簡単です。いざ、走り出そうとする前に、ゴールにいたる設計図を描けばおけばいいのです。そうすればグズにはなりません。

オリンピック選手など、「少なくとも」四年前から準備しています。スタートの瞬間＝オリンピック決勝戦というタイミングを狙ってシナリオを描いています。四年前からその一瞬に集中しています。百メートルの短距離走など、「九秒間」のために四年間という長丁場を闘っているのです。

陸上や水泳競技ではフライングを二回続けてしまいますと失格です。しかし仕事では何度フライングしようとまったくペナルティはありません。ですから何度してもＯＫなのです。

ちょっと出して反応を見る。失敗したかな、と微妙に味を変えてみる。またちょっと出してみて反応を見る。よし、これで大丈夫と判断する。こんなふうに、何度も何度もフライングすれば、新店舗の出店戦略ならば、十分、テストマーケティングは完了しているのではないでしょうか。

さっさと行動する最大のメリットはミスをしたときにリカバーしやすいということです。**さっさと失敗してさっさと反省して、さっさと改善点を見つけて、さっさと修正する。**日産自動車のカルロス・ゴーン氏がこんなことをいっていました。

「ボクはたくさんの失敗をしています。しかし誰も気づかないと思います。なぜかというと、誰よりも早く実行し、誰よりも早く気づいて、誰よりも早く修正しているからです。あまりにも早いので、周囲の人はボクの失敗している姿が見えないのです」

残念ながら、出たとこ勝負では話になりません。頭のいい人はさっさと行動します。さっさと行動する人は、実はさっさと行動できるように前もって準備しているのです。

戦略的な「フライング」をせよ

LIST 27

「やる気」は自己管理する

「やる気スイッチがオンにならない」「本気モードに切り替わらない」という人は少なくないと思います。

気分が乗らないとモチベーションはどうしても低くなりがちです。たとえば、梅雨時のだるい季節、真夏のうだるような季節。やる気になれというほうが無理と思える鬱陶しいシーズンもたしかにあります。

上司から叱られたり、クレームが飛び込んできたり、あなたの責任でもないのに、とばっちりを受けたりして、気分が落ち込んでいるときもなかなかやる気は起きません。どうしてもネガティブなほうに引っ張られてしまうと思います。

しかし、残念ながら仕事は待ってくれません。やる気にならないのでもう少し待ってください、というわけにはいかないのです。

こんなとき、頭のいい人がやっていることは、**やる気があろうがなかろうが、とにかく始めてしまうこと**です。ここが大きいのです。どんなに逆風が吹いていようと淡々と取りかかってしまいます。この心を整える技術＝「マインド・コントロール」はたいしたものです。マインド・コントロール（洗脳）は人にするものではなく自分自身に向けて行なうものなのです。

□だいじょうぶ
□私は平気
□いつもと同じ
□必ずできる

そうつぶやいて心を落ち着けてしまいます。そして、目の前の仕事に取りかかってしまうのです。取り組んでしまえばなんとかなるものです。これができるかどうかが大きな分かれ目になります。

人にはバイオリズムがあります。一日二十四時間の間でも気分が乗るときと乗らないときがあります。

朝、出勤してコーヒーを飲んでから、「そろそろ仕事でも始めるか」という人と、オフィスに到着と同時にすでに臨戦態勢に入っている人では、成果がまったく違います。朝からやる気ピークという人もいれば、昼頃ピークという人もいますし、残業時間に食い込まないとやる気スイッチがオンにならない人もいます。

結果を出すなら、やる気を待ってはいけません。時間が流れるばかりです。やる気にならないときほど早めにスタートしてしまうのです。ほんの少し出勤を早めてみる。これだけでも効果はあります。三十分とか一時間も早くする必要はありません。十分でいいのです。成果はがらりと変わります。

昔、日本の海軍には「五分前精神」というものがありました。定刻五分前に準備をすべて終えてしまう、という習慣です。定刻通りに一斉に動き出せる状態にしていたのです。当然、出港時刻五分前には軍艦へと乗り込む階段はすでに岸を離れています。

ということは、乗組員は定刻五分前には必ず帰艦していなければなりません。時間ちょうどに軍艦にやってきても乗れないのです。このとき、もし帰艦していなければ敵前逃亡と見なされて銃殺刑が適用されていたほど、この習慣は徹底されていました。

時間ちょうどにピークにするにはスタンバイしておくことが大切なのです。

「とにかく進める」マインドを持つ

LIST 28 「過不足」なく仕事する

たくさんの職場を見てきて、時間のマネジメントの下手な人に共通することが二つあります。

バカ丁寧な仕事ぶりとコミュニケーション不足です。バカ丁寧とは、丁寧とは違います。こちらが要求するよりもはるかに丁寧にやってしまい、呆れるほど丁寧すぎる仕事をしてしまうことです。

「三日後に戻ったらA社に対する出張報告を聞かせてもらおうか」

「わかりました」

上司がびっくり。レポート用紙十枚にもわたる克明な報告書が作成されているのです。

「これ、作成するのにどのくらいかかった?」

「三日です」

「……」

「ここまでやる?」というほど完璧なのです。道理で時間がかかるはずです。こんなことをするくらいならもっと他の仕事ができただろうに、と残念に思ってしまいます。

どうして、バカ丁寧にやってしまったかというと、お互いにコミュニケーションが不足していたからです。要求するほうも具体的な指示をきちんと伝えていなかった。このような仕事を受けたほうもどこまでやればいいか、きちんと確認していなかった。このようなお互いの連絡不足がトラブルの元なのです。

完璧にやろうと思えば時間はいくらあっても足りません。どこまでやればいいかを勝手に決め込んだりしないで、相手に確認しておく必要があります。

「口頭でいい」という人もいるでしょうし、「レポートにまとめてくれ」という人もいるでしょう。その中間の人もいると思います。伝える情報はすべてあなたが持っているにしても、どう伝えるかは、相手の要望を聞いてから加工するのです。

仕事は完璧にしなければなりませんが、凝ってはいけません。ビジネスパーソンの完璧な仕事とは必要にして十分であること。簡にして要であること。多いよりは少ないほうがベターです。というのも、わからない点については必ず相手は質問をするからです。その質問内容をチェックすれば本当に知りたい情報が何かもつかめます。

過剰サービスは時間の無駄です。バカ丁寧というのは過剰な仕事を意味しているのです。

「需要」を正確に把握して、正確に応えよ

LIST 29

「朝時間」を利用する

早起きは三文の得といいますが、世の中ではもっとメリットが大きいと思います。

モーニングサービスもそうですが、朝は夜に比べて割安ですし、起きたばかりで脳が疲れていませんから、発想がポジティブに変わるのも朝のメリットです。

なんといっても、多忙な人にとって一日で自由になる時間帯は朝しかありません。

「毎朝一時間早く起きて英語の勉強をしました。これが会社から帰って寝るまでの一時間だったら続かなかったと思います」

これは楽天の三木谷浩史さんの発言です。銀行員時代、留学するために勉強に懸命だったのです。

「大変だろうな」と思うのはやったことがない人です。やってみればわかりますが、少しも大変なことではありません。もっと早く起きることもできたでしょう。

欧米のエリートは夜は家族と一緒の時間をとるために、朝一番から猛烈に働いています。カリスマ投資家として知られるジム・ロジャーズとアポがとれたときのこと、なんと朝五時の面談でした。ホテルに出かけていくと、すでに来客がいるのです。「きみで四番目だよ」というのですから、いったい何時から仕事をしていたのか驚くばかりです。

彼のように、**仕事時間の比重を昼から夜ではなく、早朝から昼にシフトしているビジネスパーソンは少なくありません。**とくに朝時間に注目して巧みに活用している人はたくさんいます。

□朝時間マネジメント

朝、一人になって、経営や仕事のプランニングとチェックをしています。朝は脳がフレッシュですから集中力が高まります。

□朝時間ジャッジ

ポジティブな脳とくたくたに疲れ果てた脳とでは、同じものでも評価や判断は百八十度違ってきます。朝の判断を優先することが仕事の成果を生みます。

□朝会議

早朝会議はダラダラできませんから必然的に密度が濃くなります。始業時間までに結論を出して、即、仕事に取りかかるという姿勢がさらにモチベーションを高めます。業績アップに大きく貢献すると思います。

□朝人脈

朝の読書会や勉強会を通じて、いい仲間と知り合っている人は少なくありません。夜はアルコールも入ったり何かと散財する誘惑が多いですが、朝はせいぜいモーニングサービス。朝時間を利用して人脈を開発できます。

□朝勉強

家族も寝ている時間帯にそっと起きて机に向かう。静かで一人になれる時間帯は朝です。この朝にしっかり勉強してもいいし、朝の読書会や勉強会で新鮮な情報をインプットしてもいいでしょう。

朝はギリギリまで寝ている時間帯と思っている人と、なるべく早く寝て、早起きをする。朝時間を何かに投資している人とそうでない人とではこれからの人生もまったく違ったものになるでしょう。**朝時間を制する人が一日を制し、一年を制し、人生を制する**のかもしれません。

朝時間は「自分への投資」のベストタイム

LIST 30 「決断」はひと晩寝かせる

「寝ないんですか？　いつもメールのレスが早いですね」と驚かれることが少なくありません。

いつでもどこでも即、メル返（メール返信）しないと気が済まない性分なのです。ですから、PCメールでも自動的にケータイに転送してもらうようにプロバイダと契約しています。だから、レスが早いのです。

心理学で明らかになっている通り、「重要に思っているからレスが早い」と相手は勝手に思い込んでいます。そういう意味では、私の対応は正解なのかもしれません。

メールは電話と違って深夜に送付しても失礼に当たらない、と考えている人もたくさんいるでしょう。

しかし、違う意味で深夜に〝メル返〟するのは少し待ってもらいたいのです。レスは早ければ早いほどいいわけでは必ずしもありません。メールで一番気をつけなければいけないことは、いったん送信したらキャンセルできないということです。

「あの表現は少しきつかったな」「こう書いたほうがよかったな」

クリック一つが命取りになることも少なくありません。

夜は脳も疲れていますし、体も疲れていて、相手への気配りや心配りがどうしても足りなくなります。まして、慌てているとぶしつけなメールになりがちなのです。疲労云々は言い訳にすぎません。やはり配慮が足りないのです。「これでいいかな？」というダブルチェックがなおざりなのです。


もしあなたが瞬間湯沸かし器タイプと自覚しているならば、なおさら、即レスは控えましょう。**冷静な人でも、夜のメールは翌朝までそのまま置いて、起床後のフレッシュな脳にチェックさせましょう。**それからでも遅くないはずです。

「こんなメールではあの人の心には届かないな」と後悔するより、ひと晩置いて頭をクールダウン。もっと調べたり、周囲にアドバイスをもらってから、〝メル返〟してもいいのではないでしょうか。

夕方六時以降に届いたメールで、イエス、ノーで即答できないものについては、翌朝、返信することにしています。慌てて〝メル返〟しても、オフィスに相手はいないでしょう。メールは「下書きトレイ」に入れておきます。翌朝、オフィスに出勤してチェック。それでＯＫならば返信すればいいのです。

実は、これで何回も助かりました。**ひと晩置くだけでかなり婉曲的な表現に変わるものです。**夜は魔の刻です。あなたではない、誰かがいたずらをする時間です。要注意です。

メールは返信のタイミングで内容が決まる

第4章

要領がいい人の〝人づき合いのコツ〟

一瞬で「対人関係」に強くなる10のリスト

LIST 31 「マイペース」を崩さない

嫌いな人を好きにはなれません。これは理屈ではありません。感情ですから、「仕事、仕事」「しょうがない、しょうがない」「五時まで、五時まで」と呪文を唱えても解決できるものではありません。

嫌いな人とつき合わず、好きな人、相性の合う人だけと仕事ができたら最高なのに、と考えてしまう人は多いと思います。

こんなことができたら苦労はしません。嫌いな人でも会わなくてはいけないし、チームで一緒に仕事をして成果を出さなくてはいけない。いわば、嫌いな人と仕事をするから給料をもらえるんだ、と考えてもいいくらいです。

嫌いな人、苦手な人、圧のある人たちと気疲れしながらも一緒に仕事をする。ランチをともにしたり、行きがかり上、買い物やお茶にもつき合わざるを得ない。そんな嫌いな相手なのに、のこのこ出かけていき、一緒の時間を過ごす。踏んだり蹴ったりです。

「損な性格だなあ」

「どうしてはっきりいえないんだろう？」

おそらく自己嫌悪の念に苛まれて、数日間はブルーになってしまうのではないでしょうか。

そうなる原因はその嫌いな人ではなく、あなた自身がつくっているのです。それがわかっているから自己嫌悪に落ち込んでしまうのです。

「あなたのことが嫌いだから招待なんかしないで！」「行きたくない！」とはっきりいえばいいのに、いえない。なぜなら、大人だからです。**大人は好き嫌いで動いちゃいけないんだ、という常識というか良識にとらわれている**からです。

「理想の自分＝いい人」を演じ切ろうとすると、こういうリスクに遭遇してしまいます。そうして、くたくた、へとへとになり、ほとほとまいってしまうのです。

ならば、**君子危うきに近寄らず。近づかないことがベストです。**

仕事は仕事。アフターファイブはプライベートだから、マイペースを崩さない。「お茶しない？」「予定があるので」「つき合いなさいよ」「先約があるの」。これでいいのです。

私にも大嫌いな人がいました。その人は上司でした。毎日顔を合わさなくてはならないのですが、基本的に私は相手が誰であろうと我慢しない主義なので、連日午前中は彼との議論です。指示されても、どうしてそういう指示をするのか、納得しない限り、動かない部下でした。「部下殺し」と評判の上司でしたが、このときばかりは勝手が違ったと思います。とばっちりを受けた周囲は大変だったでしょう。

今から思うと、正義漢ぶった子どもで、どうしてもっと大人の対応ができなかったのか、と残念に思います。結果、入社二年目の私は他部門に異動となってしまいましたが、部長と対立していたのですから当然でしょう。

さて、大人の対応とはどういうことかというと、「対立しない」ということです。**対立という意味は、同じ次元にいるから起こる**のです。一本道をこちらと向こうから歩いてくれば鉢合わせしてしまいます。どちらも突っ張ってしまえば道を塞いでしまいます。**どちらかが降りてしまう、譲ってしまえばいいのです。**

もし、次元が違うならばそんなことはありません。たとえば二車線ならばぶつからずにやり過ごせます。

若いうちは清廉潔白で正論を振り回したくなるものです。あの松下幸之助さんも十代のとき、同僚にお金をチョロまかす人間がいて嫌で嫌でたまらず、店の主人に、「あの人を辞めさせてほしい。でなければ暇がほしい」とだだをこねたことがありました。十年以上すぎて今度は自分が手癖の悪い従業員を抱えるようになると、三日悩んで、「わが国にも犯罪者がいる。町工場の主《あるじ》が優秀でいい従業員ばかりを望むこと自体が畏れ多い。そんな高望みをしてはいけない」と悟ってから、大胆に人を使えるようになったといいます。清濁あわせ呑む大人になった証拠です。

嫌いな人と「同じ土俵」に乗ってはいけない

LIST 32
苦手な人と「正面衝突」しない

嫌いな人を好きになることはできません。しかし、嫌いでなくなることはできます。どうすればできるのか？　簡単です。嫌いな相手を「患者」と考えてしまうのです。では、あなたは？　医師あるいは心理学者という立場にいる、と思い込むのです。こういう環境設定を心の中でつくってしまいましょう。

よく考えてみますと、医師はどんなに厄介な患者に対しても、嫌いですよ、という態度はとりません。どうしてそんなことができるかといえば、好き嫌いの対象ではないからです。お客さんだからでもありません。診察して治療する対象だから、好き嫌いという主観的なアプローチではなく、**「どうして、この人はこういう行動に出るのだろう？」「なぜ、こんな発言をするのだろう？」**と研究対象として**客観的に観察しよう、とする**からです。その人間性を見るのではなく、その人が具体的にとる行動について診《み》ているわけです。だから、怒りも嫌悪感も覚えないのです。

この手法は、医師や心理学者だけでなく、私たちも簡単に利用できます。私はこの視点に気づいてから嫌いな人が一人残らずすべて消えました。なかには、妄想性人格障害と思われる人もいます。

どうして、この人はここまで攻撃性を持つのだろう？　初対面の人に対しても、上から目線で説教しないと気が済まず、なぜ十倍くらい反論しないと気が済まないのだろう？

攻撃的な人ほど、実は恐怖に対する〝過剰な防衛本能の裏返し〟としてそういう行動に出ることがわかっています。

たとえば、あるご老人は息子夫婦を勘当して十五年以上も没交渉のままでした。「オレは悪くない。あいつらが頭を下げたら許してやる」と突っ張ったままです。ここで折れたら、十五年という歳月は無為になってしまう、という恐怖感があるのです。同時に、このままでは息子夫婦が永遠に戻らないという恐怖感も抱えています。そのために、誰に対しても意地を張っているのです。意地がなくなったら、自分の気持ちを支えているものがすべてなくなってしまう。これが最大の恐怖だ、と潜在意識は訴えているのです。

なるほどそういうことか、とわかれば、嫌いではなく、なんと可哀相な人なのか、と憐れみすら覚えるようになります。この瞬間、嫌いという感情は消えてしまうのです。

□人に対して怒りを覚えない
□症状（相手の発言や行動）を観察する
□相手の抱える「事情」を診察（推察）する
□相手ではなくあなたが納得できる理由を考える
□理由を突き止めた瞬間、「嫌い」という感情は消える

この手法はありとあらゆる解決法の中で一番使えると思います。人間関係のトラブルを解決する本の中には、「その人と関わらないこと。何かいっても、心の中で、この人とは何の関係もない、とつぶやけば解決できます」と説いていますが、現実には

無理でしょう。

嫌いなものは嫌い。嫌いな人は嫌い。それが人間です。だから、**相手を同じ土俵ではとらえず研究対象として考える。**これが次元をずらす、次元を変える、相手と同一線上に立たない唯一の方法です。

「この人はどうしてこんな態度をとったのか？　そうか、嫉妬しているんだな」「この人は？　なるほど、恥ずかしかったのか。そこで反作用として怒鳴ってしまったわけだな」というように、**その人が抱えている「事情」を慮る**ようになったら勝ちです。

これでとっても気が楽になりました。今ではすっかり嫌いな人が消えてしまいました。

理不尽な人は、「患者さん」と片づけておく

LIST 33 やたらと「群れ」で行動しない

オフィス街の昼というと、どこでも「ランチ難民」が溢れています。たいして美味しくない店でもそこそこ行列になっていますから、美味しい店は長蛇の列。十分、二十分待ちは当たり前。これでは昼休みはあっという間に終わってしまいます。

なるほど、時間とマネーを節約する「弁当男子」が急増する理由もわかるような気がします。

以前は男性客中心だった牛丼屋や立ち食いそば店でも、このところ、一人ランチの女性を何人も見かけます。これまた違和感はまったくありません。

女性の場合、一人で食事していると「ハブ（無視）」とか「いじめ」を連想させると勝手に思い込んでいるためか、それとも、友人がいないと思われたくないからか、ランチ友だち＝ランチ友を求める人が少なくありません。不思議でならないのですが、本人が気にするほど周囲はなんとも思っていません。それとも、「ランチ時くらい、男性の目を気にしないでリラックスして女子の話をしたい」というので集合してしまうのでしょうか。

オフィスに食堂があるなら、「ここ、空いていますか？」とひと言いえばＯＫ。わざわざ一人ぽつねんと距離を空ける必要はありません。「どうして、一人で食べたがるのかしら」と不思議がられてしまうかもしれません。そのほうが違和感があります。もしなければ、「安くて美味しいとこ知らない？」と聞けばいいのです。一緒に仕事をしている人でもいいし、顔を知っているというだけでもいいのです。

「私、コンビニ」というなら、「じゃ、私もコンビニしようかな」でもいい。成り行きでいいのです。

顧問先のあるスタッフは同期の中で一人だけ研究職で、同期のラン友と食事する機会はほとんどありません。彼女は同じ部門の同僚や上司などとランチすることが多いのですが、これも自然です。

「ラン友難民」と騒ぐ必要はまったくないのです。

営業や広報宣伝、あるいは企画などを担当する人に多いのは、部内や社内ではなく、パワーランチを仕掛ける人です。**パワーランチとは、情報交換や仕事のためのインプット、商談などを目的とした戦略的なランチのこと**です。毎日、外食するというのでは予算的に厳しいでしょうが、週一回は必ずパワーランチの日と決めて実行しているようです。

私の知人など、通信社などが主催するパワーランチを掛け持ちしています。これはランチタイムにゲストスピーカーの話を聞く、という会なのです。必ずランチ（お弁当）が付いているので難民にならなくて済みますし、一番のご馳走は「人」＝「情報」だと思います。現職総理がゲストでスピーチしたこともあります。全国で開催しているので、出張とその開催スケジュールをうまく調整しているようです。

何がいいかというと、生の情報に触れて勉強できるだけでなく、会員制なので、初対面から顔見知りへ、顔見知りから人脈へと発展することが多く、自然に人脈が広がるのです。おそらく半分以上の参加者は人脈を広げるために参加しているのだ、と思います。

「ラン友がほしい」「ラン友がいないとさびしい」と考えているようでは、まるで公園で延々と井戸端会議に興じる人たちと二重写し。「内向きの小さな社会でつるんでいる」という印象しか受けません。それがわかる人は、あの中には入りたくないな、と考えています。

内向きの人脈をいくらつくってもしょうがない、と思います。

「馴れ合い」を続けていても、有効な人脈は築けない

LIST 34

「失敗談」をさらけだす

「玉に瑕《きず》」という言葉がありますが、人間関係も玉ばかりでは完璧すぎて敬遠されてしまいます。少しくらいは瑕があったほうが可愛がられるものです。

知人の会社でも、一流大卒で性格もいい。高校時代は特待生。スポーツ選手としても活躍。聞けば、テレビ番組の大学対抗クイズ選手権でも優勝した経験があるとか。期待の大型新人ですが、彼を評する意見を聞くと、なぜか、優秀だとは思うけど……とみなが口を濁すので不思議でなりませんでした。

ところが、突然、ガチャガチャと音がする。「コーヒーこぼしちゃった。このスーツ買ったばかりなんですよ」と大声で騒ぐ。この瞬間、彼の好感度がドーンと跳ね上がったというのです。**優秀な人材ほど、とちったほうが好感度は高くなる、**という人間心理をうがったものです。

完璧すぎると、本人にはまったくその気がなくても、自意識過剰の鼻持ちならないタイプにどうしても見られてしまいます。人が愛嬌を感じるのは、パーフェクトの人間に対してではありません。「本当にしょうがないヤツだな」と舌打ちをしてしまうようなタイプに対してなのです。

なぜなら、あいつは自分と同じだ、と安心感を覚えるからです。**まったく住む世界が違うというタイプはどことなく近寄りがたくて、なんとなく敬遠してしまいます。**どことなく、なんとなく、というのは理屈ではありません。もっと心の深い部分で拒否感を覚えているのです。

ただ一つはっきりしていることは、人は誰でも劣等感を感じたくない、ということです。これが共通する人間心理です。

人は優秀な人材と仕事がしたいのではありません。**おもしろい人、楽しい人と仕事がしたい**のです。部下からは慕われ、上司や先輩からは可愛がられます。ビジネスパーソンの世界は自分一人の力では何もできません。下から押し上げてもらい、上から引き上げてもらい、横と斜めからは支えてもらわなければ、出世はできません。

得意先も感じることは同じです。如才ないけれどおもしろみに欠ける営業マンよりも、失敗は多いけれど、どことなく憎めない営業マンのほうが可愛がられます。まして、おもしろい人、楽しい人には何度も会いたくなるものです。

学生時代は鳴かず飛ばずだったけれど、社会に出たらとんとん拍子にうまくいく人がいます。これは本人に愛嬌があるからです。「頭がいい」「仕事ができる」という怜《れい》悧《り》な人材よりも、「バカばかりしている」と思われる人のほうがうまくいくのです。

もし失敗しても、このくらいでちょうどいいかも、と気楽に考えてみてはどうでしょうか。

「優秀さ」より「かわいげ」のある人物であれ

LIST 35 「アメとムチ」を使い分ける

「私は誉められると伸びるタイプなんです」

わざわざ上司に使い方を申し出た新人がいるとか。豚もおだてれば木に登るのですから、この新人がどこまで伸びるかは想像もつきません。

叱る誉めるはなかなか難しいと思います。いつ、どのタイミングでやれば一番効果があるのか迷う人はたくさんいるでしょう。

人を育てるのがうまかった松下幸之助さんは、叱る誉めるはその瞬間瞬間に行なう。なぜなら忘れてしまうから、とよくいっていました。叱る誉めるは技術ではなく、感情のままにしてきた。あまりにもきつく叱ったために途中で部下が可哀相に思えて、最後は優しい言葉をかけてフォローしていたように思えるとも語っていました。

叱る誉めるはマネジメントスキルではないのです。わが子を叱ったり誉めたりするときに、いちいち計算している人はいないでしょう。いけない、危ない、ダメだ、と思ったら思わず叱っているはずです。そして、誉めるときも思わずしていると思います。

しょっちゅう叱ってばかりいる上司は煙たいばかりか、その言葉自体が聞こえなくなってしまうことがあるのです。また小言かと思った瞬間、聞こえないモードにスイッチオンとなってしまうのです。

では、この新人のように、いつも誉めてばかりいるとどうなるかというと、普通の誉め言葉では何も感じなくなります。つまり、誉め言葉が誉め言葉に聞こえなくなってしまうのです。「どうせお世辞。本心ではそう思ってないくせに」となります。こうなると、逆効果です。スポイルされてしまうのが落ちです。

もちろん、叱られるよりも誉められるほうが人は好きです。心地いいからです。もう一つ、**私たちは誰でも自信を持ちたいという欲求があります。**叱られるよりも誉められるほうが確実に自信を持てるようになります。そのために、誉められるほうが好きなのです。

ということは、叱ってくれる人よりも誉めてくれる人のほうが好きになる、ということです。異性を振り向かせたければ、とにかく、誉めて誉めて誉めちぎることです。しかも、やみくもに誉めればいい、というわけではありません。心理学者の手にかかりますと、叱る誉めるにも効果的な順番があることが判明しています。

アメリカの心理学者エリオット・アロンソンとダーウィン・リンダーは**「好意の返報性」**という理論を打ち出しました。ミネソタ大学の学生を使って実験したものですが、まず女子学生がある男性と一対一で面談します。次に、男性はその女子学生に対して数回にわたって評価します。最後に女子学生が、その男性をどのくらい好意的に感じたかを評価させます。

実験では、男性が女子学生の魅力を評価するとき、次の四パターンに分類しました。

①**「好意－好意**（最初から終わりまで一貫して誉める）」

②「**非好意・非好意**（最初から終わりまで一貫してけなす）」
③「**好意・非好意**（最初は誉め、最後はけなす）」
④「**非好意・好意**（最初はけなし、最後は誉める）」

さて、どんな結果が出たでしょうか？　**一番好意度の高かった男性の評価法は、「④非好意・好意」でした。**すなわち、最初はけなされたけれど最後は誉められるというパターンだったのです。

これは意外でした。というのも、誰もが一位だと予想していたパターンは「①好意・好意」だったからです。最初から最後まで延々と誉められるパターンだろう、というわけです。結果は違ったのです。

これは部下や異性への人間関係づくりにも参考になると思います。「人は誉められ続けて伸びるもの」ではないのです。最初はガツンと叱ってやったほうが、部下との関係は本当はよくなるのです。というのも、人は誉められてばかりだと、その人のことを信用しなくなります。そんなに誉められるばかりのはずがない、と本人がよくわかっているからです。本音で誉めてもらいたいのです。まず叱ったりけなしたりする人は、この人はお世辞をいうような人じゃないな、とインプットします。その人の口から誉め言葉が出たら、これは信用できる、と考えます。人間関係のベースは「信用」「信頼」にあります。**どんな言葉も信用がなければ効果はないのです。**

もちろん、最低パターンは最初から最後までけなされる、というものでした。

「お世辞」ばかりのヤツは、信頼度が低い

LIST 36 「スケジュール」を詰め込まない

人の期待に応えたい。そこで少し無理をします。もう少しでできそうだと思うと、さらに無理をしてしまいます。

無理をしてしまう理由は、約束をしてしまったからです。

太宰治の『走れメロス』という小説を読んだことがありますか。この物語では、約束したおかげで、メロスも友人も肝を冷やすことになります。

メロスは自分に代わって人質となってくれた友人のおかげで、三日間の猶予をもらい、妹の結婚式に出かけていきます。余裕で帰れると安心したのもつかの間、帰り道はトラブル続き。河川は氾濫するし、山賊には遭遇するし、おかげで、一度は約束を破ろうとまで考えてしまいます。さいわい体力が回復すると元気が出て、考え直し、走りに走って、処刑寸前の友人を救い出します。そして自分の命を差し出すわけです。

その姿に感動した王様は、人間不信で殺戮《さつりく》の限りを尽くしていた非道を改悛《かいしゅん》する、というお話です。

メロスは必ず戻ってこられる自信があったから約束したわけですが、この世の中は一寸先は闇です。いったい何が起こるかわかりません。実際にメロスは大変な目に遭っているのです。

この短編小説のキモはどこにあるかといえば、友情物語という美談ではありません。**約束は簡単にしてはいけない、という現実にある**のです。

重要な商談などで親の死に目にもあえなかった人もいると思います。そんな約束は破ってもいいかというと、そういうわけにはいきません。プレゼンテーションの約束など、得意先の経営者をはじめとして、関係者がずらり揃っているわけですから、「のっぴきならない用事ができまして」と弁解したところで、「わが社はそういう扱いなのかね」といわれるだけです。

哀しいかな、仕事とはそういうものです。どんなに小さな約束でも守らなければいけません。仕事だけではありません。「今度の運動会は必ず参加する」「連休にディズニーランドに連れて行ってあげる」という子どもとの約束は万難を排して守らなければいけません。

信頼を失うのは簡単です。子どもの笑顔を見たいからと、よく考えもせずに生返事をしてしまいがちですが、後でショックを受けるのはいつも、約束を破るほうではなく、破られるほうなのです。

そういう意味で、**「インシャラー（インシャ、アッラー）」**という言葉がとても好きです。シャンソン歌手サルヴァトーレ・アダモのヒット曲にも同名のものがありますが、この意味は「アッラーのご意思があれば」ということです。イスラム教徒でなくとも一度は耳にしたことがあるはずです。

「来週月曜の午後一時に打ち合わせましょう。インシャラー」

もし何かトラブルがあって間に合わなくても気にしない。それは神様がそう決められたからだ、と考えてしまう。時間に正確な日本人にはなかなか理解できず、怠け者に都合がいい言葉だ、と誤解されることも少なくないでしょう。しかし、ニュアンスは「人事を尽くして天命を待つ」というものです。

ポイントは、「未来のことなんて確約できませんよ。何があるかわからないんですからね。スケジュールをめいっぱい埋めることなんてナンセンスですよ」というメッセージがとても心地よいのです。いざとなったら、お互いに「インシャラー」。そう考えるといっぺんに楽になります。

この世の中は、所詮、なるようにしかならないのです。だから努力したり、創意工夫したり、頑張ったりするのですが、そこから先はインシャラー。**なるものはなるし、ならないものはならない。インシャラー。**叶わなければ、心の切り替えスイッチをオンにして、もう一回、ゼロからトライしようと考えればいいのです。

安請け合いは、「地雷」になるから気をつけよ

LIST 37 「えこひいき」を見くびらない

仕事にしても人生にしても、この世の中はどれだけ「えこひいき」してもらえるかで決まります。

同じような商品がずらり並んでいる中、わざわざ選んでもらった。これが商品力や価格の安さで勝ったなんて何の自慢にもなりません。えこひいきされてこそ、営業マン冥利に尽きるというものです。

こんなことは子どもでもよくわかっているのですが、えこひいきは実力ではない、といい張る人がいるのが不思議です。先生のお気に入り、先輩から可愛がられる。後輩から慕われる。これらはすべてえこひいきです。

「公平に扱ってほしい」「実力で評価してほしい」といいたいのでしょうが、**えこひいきも実力なのです。**これ以外にどんな実力があるというのでしょうか。この世の中に公平なんてものはあり得ません。

人間には好みがあるのです。製品カタログで選んだところで、理由の中には好みがほとんど決定権を持っているのです。

「どうして他社を選んだんですか？」と聞かれても、「あの商品が好きだから」「あの営業マンが好きだから」で正解なのです。「安いから」という理由なら、「うちはもっと安くしますよ」と提案すれば気が変わるかもしれません。しかし、「好きだから」といわれたら、「うちはもっと好きになってもらえるように努力します」としか答えようがありません。

その段階から、**えこひいきしてもらえるように競争が始まる**わけです。

「えこひいき」なんてしてはいけない、とよくいいますが、商人は盛んにえこひいきしています。大阪人は正直ですからはっきりしています。ひいきは美徳です。えこひいきがなければビジネスは成立しません。お金を払った後、「どうぞごひいきに！」と声をかけてくれます。ひいき客、ひいき筋という言葉もあります。

一万円のお客さんと千円のお客さんを同等に扱ってはいけないのです。千円と同じでは、一万円のお客さんに失礼ではないですか。商人は絶対にそんなことはしませんし、してはいけないのです。堂々とえこひいきしなければいけないのです。

この差別化に文句をつけるお客さんがいるでしょうか。いないはずです。これが公平という意味です。平等ではありません。公平です。**チャンスは誰にでも平等に与えるけれども、待遇、処遇は公平にするのです。**部下や従業員の評価も同じです。しっかりえこひいきするのです。堂々とえこひいきするのです。

実力だけで切り拓いていけるほど世間は甘くはありません。繰り返しますが、えこひいきは立派な実力です。世の中はすべてえこひいきで決まっているのです。

「ひいきされない人」は、「どうでもいい人」

LIST 38

「対応」は臨機応変にする

えこひいきのルールは、お金を出す人、たくさん出す人、何度も使ってくれる人をより大切にする、ということです。では、何もしない人は蔑《ないがし》ろにしていいかというと、そんなことはありません。

「より大切にする」ということがポイントなのです。その点、見事だと思うのが芸能人です。「タニマチ」といわれるスポンサーに対する姿勢は徹底しています。どんな客商売でも彼らほどドライにえこひいきすることはないでしょう。

テレビ局にたまに出演を依頼されることがありますが、先日、黒フレームがトレードマークの某司会者の番組に解説者として出演したのですが、「さすが！」と感心してしまいました。

スタジオ入りした私を見つけると、そそくさと近づいてきて、「司会のＩです」と名刺を差し出そうとするのですが、**すぐに後ろに番組スポンサーの関係者がいることに気づくと、私をスルーして、即、そちらと話を始めてしまうのです。**どうも政府関係者のようですが、そういえば、この司会者は自分でプロダクションも経営していたはずですから、スポンサー最優先だったのだと思います。ここまであからさまにえこひいきをされると、かえって清々しく、この業界の厳しさをかいま見られたような気がします。

これは皮肉でもなんでもなくて一番大切な処世術なのです。まだ十五、六歳の舞妓でもその点だけはしっかりしつけられています。

私が主宰する勉強会（原理原則研究会）では毎年、花見シーズンに祇園で打ち上げをしています。実は知人がオーナーなので超格安で使わせていただいているのです。このとき、芸妓、舞妓を何人か呼びますが、あるとき、舞妓の一人が上座にいるメンバーの隣に坐ったのです。そのとき、地方さん（年配の三味線を弾く人。たいていは舞妓の教育係）がその場でたしなめたのには驚いてしまいました。芸妓、舞妓を呼んだスポンサーは末席に坐っていたからです。地方さんはそのことを料亭の女将からあらかじめ聞いていたのです。彼女たちにも先に教えていたはずですが、いつもの調子で上座からあいさつをする、と思い込んでいたのでしょう。

この世界はサービス業の極みですから、知恵に溢れています。たとえば、男性は全員「おにいさん」、女性は「おねえさん」と呼び方も統一されています。「社長さん」とか「先生」と呼ぶことは決してありません。そんな呼び方をしたら、誰が社長で誰が部長なのかわからなくなるだけでなく、酒席に階級を持ち込むと上下関係ができてしまうからです。接待される側が部長クラスで、接待する側が経営者というケースはたくさんあります。彼女たちは（幇間《ほうかん》も含めて）接待側の応援要員ですから、接待相手の顔を潰すようなことは絶対にしません。

おにいさん、おねえさんと呼んでおけば一番無難なのです。何しろ、自分が一番若いのですから。

営業マンの接待でも同じです。接待相手が楽しめるようにします。**自分が楽しんでいては話になりません。接待は一番重要な仕事だからです。**

上司に焼鳥屋でご馳走してもらったときもルールは同じです。この世の中ではお金を出す人が一番えらいのです。

営業マンが一番大切にしなければいけないのは、もちろん、お金を出す人です。しかし、もっと大切にしなければいけないのは、お金を出す人にお金を出させる人です。たとえば、コピー機の買い換え、給湯器のリニューアルなどは実際に使っている従業員の意見が通ります。つまり、社長や総務部長よりも現場の従業員を大切にしなければいけないのです。なぜなら、実質的な決定権を持っているからです。

こんなことはご家庭の中の権力関係を考えればすぐにわかる、と思います。決定権は奥さんが握っています。ならば、奥さんを一番大切に扱わなければ絶対に購入してもらえません。

稼ぐ人は、人を「いい気持ち」にさせるのがうまい

LIST 39 頭ごなしに「否定」をしない

「負け惜しみ」のことを、英語では「サワー・グレープ（酸っぱい葡萄）」といいます。

語源は『イソップ物語』にあります。キツネが美味しそうな葡萄を見つけるのですが、高いところになっているのでいくら跳び上がってもとれないので食べられません。とうとう、「あの葡萄は酸っぱくて食べられないに決まってる」といい放ってキツネはあきらめるのです。

語源の世界はおもしろい話がたくさんあります。**どうして、酸っぱい葡萄と決めつけたかといえば、そう考えなければ悔しくてたまらないからです。思いを断ち切るために、あえて、そう考えざるを得なかったのです。**

何回もジャンプして手に入れたかった葡萄ですが、無理だとわかったら、手に入れるほどのものじゃないさ、と思考を反転させてしまう。

これをアメリカの心理学者レオン・フェスティンガーは「認知的不協和理論」と名づけました。

フェスティンガーは社会心理学者として世界的に有名でしたが、自分の理論がベトナム戦争の兵士たちのトレーニングに活用されていることを知るや、大学を辞めて、世界を放浪してボランティアをするなど、誠実な人物でした。

彼が唱えた認知的不協和理論とは、**人は矛盾を抱えたときに、感情と行動のギャップを解消しようと、自分の態度や行動を変えようとする**、という考え方です。

たとえば、喫煙はガンのリスクが高まります。しかし、愛煙家にしてみれば簡単にやめられるものではないそうです。となると、タバコは吸いたいし、かといってガンにもなりたくないし、というように感情と現実の行動が矛盾を来してしまいます。

では、どうすればいいのでしょうか？　タバコをやめるか、それとも事実を封印するか。このいずれかで矛盾を解消しようとするのです。

ほとんどのケースは事実の封印のほうを選択します。そのほうが簡単だからです。

この判断をどう自分に納得させるかといえば、「タバコを吸ってもガンにならない人はたくさんいる」「ガンよりも交通事故のほうが危ない」と自分なりに模範回答を用意して合理的に納得しようとします。

同じように、若い頃に暴走族で暴れた経験のある人は、暴走族を批判するような言葉を聞くと怒りを覚えます。軍隊生活をした人が反戦論を聞くとこれまた怒ります。**共通することは、自分の過去を否定されたくない、という強烈な欲求です。**暴走行為が社会に迷惑をかけたり、戦争が悪いことだということはわかっています。しかし、今さら過去は変えられない。だから事実のほうを封印しようとするわけです。

暴走族にだって更生して偉くなったヤツはたくさんいる、戦争は国を守るために仕方がなかったんだ、戦争しなければ今頃わが国は大変なことになっていたんだ、と弁明を繰り返します。そうして自己矛盾を解消しようとするわけです。

人は自分の過去の行為はすべて正しい、と思わなければ生きていけません。反省はしますが、「仕方なかったんだ」「あれでよかったんだ」とどこかに救いを求めているのです。ですから、他人がずかずかと押し入ってきて、説教口調で過去の行為を責めるとキレてしまう人も少なくありません。今さら過去は変えられないからです。わかりきっていることを蒸し返されたくないのです。

逆に、「わかる、わかる。あれはしょうがなかったんだよ」といってくれる人に好意を覚えるのです。人は誰もが「救い」を求めているのです。

人はみな「認められたい」と願っている

LIST 40 「尽くす」より「尽くさせる」

人間関係でもこの「認知的不協和理論」は当てはまります。

たとえば、私たちは気に入った人には何かをしてあげたい、と考えます。逆にいうと、嫌いな人には何もしたくありません。好きな人にはせっせと世話を焼きたがるものの、相手にしてみれば、「何でもしてくれる人」「便利な人」という認識しかしない。つまり、親切が相手に伝わらず空回りしているわけです。

これは私にも経験があります。お中元とかお歳暮が届くたびに、「持っていっていいよ」というと、最初は感謝いっぱいという感じでしたが、そのうち、もらって当然。さらに、邪魔になるでしょうからもらってあげる、という態度に変わっていくのです。もはや「権利」と認識するようになっているのです。残念ですが、これが人間です。

「雨が降っているから車で迎えに来てくれない？」「今月少し厳しいからお金貸して

くれない？」「あれ、返さないでもらってもいいよね？」とどんどんエスカレートしていきます。あなたが女性ならば、まさに「都合のいい女」に成り下がっています。もちろん、いくら親切にしようと相手の気持ちを変えることはまったくありません。感謝されたり、好かれたり、愛されたりすることは永遠にありません。

この状況をどう打開すればいいのでしょうか？　親切を打ち切れば気づくようになるのでしょうか？

フェスティンガーの理論では、**親切にするのではなく親切にさせろ、好意を寄せるのではなく、好意を寄せさせろ、尽くすよりも尽くさせろ、**というのです。

あなたのために何かをさせるように仕向けると、「どうして、ボクはこの人のために何かをしているんだろう？」「きっとこの人のことが好きなんだ」と自分の行動がちぐはぐにならないように、感情のほうを変えるようになるのです。

相手を振り向かせたいなら、あなたのほうから親切にしたりせず、あなたのために何かをさせる、という仕掛けが必要なのです。

どうしてあんな女（男）にのぼせているんだろう、と不思議に思うことがありますが、きっとその人は甘え上手や頼み上手のはずです。甘えられて、頼まれて、いやいややっているうちに、いつの間にか、あなたは好意を寄せてしまっているのです。

完全な「イエスマン」が報われる日は来ない

第5章

要領がいい人の〝シンプルな生き方〟

運と成功を呼び込む10のリスト

LIST 41 人生の「荷物」は軽くする

人生には必要な荷物もあればいらない荷物もあります。必要な荷物とは、たとえば、こんなことをしたい、という猛烈なモチベーションがそうです。これはいくら重たくても逆にその重荷が励みになります。経営者ならば、使命感、おもてなしの精神も必要な荷物ですし、従業員やその家族の生活を守るという義務感も大切な荷物です。

ところが、私たちには不必要な荷物もあるのです。嫉妬や怒り、恐怖や迷いといったものがそうです。**地位や肩書き、プライドすらもいらぬお荷物なのかもしれません。**こんな荷物などさっさと捨てて身軽になってしまえばいいのに、本人は荷物と気づいていないのですから困ったものです。

知人に人材紹介会社の経営者がいます。いろいろなタイプの人と面接したそうですが、転職先がなかなか決まらない人には共通点があるというのです。能力が低いとか、望みが高いというわけではありません。プライドです。このプライドがすべての邪魔をしている、というのです。

「オレは大企業の役員だったんだ」「一流企業の部長だったんだ」「こんな会社で今さら働けるか」というプライドが邪魔して、すべてのチャンスをふいにしているのです。

実際には市場で売れる（通用する）キャリアは何一つありません。その大企業の部長というポジションにいたからこそ通用していた、ということがわからないのです。結果として、転職できない、うまく転職できても長続きしない、というわけです。

市場で売れないものなど粗大ゴミです。捨てられる運命なのに、残念ながら、本人は粗大ゴミではなく財産だと思い込んでいるのです。すべての不幸はこの勘違いから始まります。

人材紹介会社の経営者は、このどん底状態を迎えたときに、人は二つのタイプに分かれる、というのです。

一つのタイプは、夢と現実のギャップをつくづく悟ってガックリきてしまう人です。現実を見たくないから、みずから転職努力をすることなどはなから考えません。それでいて、誰か世話してくれないかと思って、しょっちゅう定年前の会社に出かけていくのです。現役世代は暇人にいつまでもつき合っていられません。昔の部下にとっては迷惑この上ないのです。

もう一つのタイプは、現実を直視する人です。今までのキャリアは賞味期限が切れたんだな、と気づけば、さっさと捨ててしまう。身軽になってゼロから再スタートしようとする人です。

考えてみれば、自分の文化を他の会社に持ち込めばただでさえ違和感や反作用、ときには反発もあるのです。自分を変えずに周囲を変えよう、自分は知識も経験もあるからいつだって正しい、と考える思い込みこそが実はチームプレーに一番邪魔なものなのです。**変化に対応できるかどうかが生き残りにもっとも重要な要素である**ことはダーウィンの『進化論』を紐解くまでもありません。

「どんなことでもやりますか?」と聞いたときに、「何でもやらせてください。過去の地位も履歴書も遺物です。妙なプライドなどとうに捨てました」という人だけが成功する、というのです。

実は、こういうタイプの人はプライドがなくなったわけではありません。大きなプライドがあるからこそ、小さなプライドを呑み込むことができるのです。こんなところでめげてなるものか、もう一財産、積み上げてやる、と転換できるのです。人生に荷物はいりません。荷物をパッと捨てて、新しい荷物を背負えるかどうかで未来は決まる、と思うのです。

本当のプライドとは、プライドにしがみつかないこと

LIST 42

「衝動買い」に走らない

仕事柄、膨大な量の本を買います。年間何百冊という単位ではありません。桁が違うのです。

八割はネット書店。残りの二割を街中の書店で購入しています。歩いて三分のところに大手書店があるので、しょっちゅう書店に通っていますし、喫茶コーナーにパソコンを持ち込んで三時間くらいは読書と仕事に集中しています。

ネット書店の購入分のうち、実は、ほとんどの本はこういうリアル書店で見つけているのです。当然、定価販売です。私のような活字中毒の場合、エンゲル係数ならぬ買書係数が飛び抜けて高いので、アマゾンなどのネット書店しかも古書を買うケースが多くなっています。

リアル書店で本を発見したら、即、スマホでアマゾンでその本があるかどうかをチエックします。古書が安ければ即、購入し、そうでなければリアル書店で購入するようにしています。

そしてそのまま読破すると今度はアマゾンに出品します。定価で購入したので半額にすればすぐに買い手は見つかります。つまり、私は半額で本を読んでいるといってもいいかもしれません。

この習慣がついてから衝動買いをしなくなったような気がします。**「ちょっと待てよ。ネットでチェックしよう」とワンクッション置く**ようになったからです。

実際にチェックして、半額で販売されているのを見つけると得した気分になれるのもメリットの一つです。

主婦や主夫はもっと賢明なお金の使い方をしているはずです。私などスーパーに行くと大安売りの札を見つけて衝動買いしてしまって、家内から叱られてばかりです。店側は衝動買いを誘うために仕掛けているのですからまんまと罠にかかったようなものです。

衝動買いは突発行動です。「必要なもの」と「不必要なもの」に分類すると、私の買い物は家内にいわせるとほとんど後者だそうです。家内は一度目では決して買いません。もう一度会ったときにそれでもほしかったら買うと決めています。ほしいという気持ちをいったん横に置くために冷却時間をつくっているのだそうです。

ほしいのに買わないとストレスになるかもしれませんが、私のような衝動買い人間は必要だから買うのではなく、買うという行為をしなければ済まない、という強迫観念がベースにあるようです。衝動買いは立派な病気です。処方箋は**「一度目は買わない」**というルールを決めることです。

「クールダウン」の時間が、正しい判断をもたらす

LIST 43 「クレジットカード」を使わない

私の友人に逆玉に乗った人間がいます。

ある実業家のお嬢さんと結婚したのですが、話を聞いてみると、離婚は時間の問題。とんだ逆玉だったことが判明しました。

原因は、お嬢さん育ちの新婦の買い物依存症でした。

学生時代からカード払いが当たり前という生活で、結婚するまでは親が払っていたのですが、結婚後は彼の口座から引き落とされることになります。今までの調子で買い物を続けていますから、あっという間にすっからかん。「もう離婚したい」というのが最近の口癖です。

人間の欲望は無限大です。ブランド品など買えば買うほどほしくなる魔力があります。ポルシェのオーナーになると次にほしくなるのがマセラッティだそうです。ポルシェで卒業ではないのです。持っているからほしくなる。これがブランド品の魔力です。

手持ちの現金には限りがある、となれば、カードローンの出番です。現金がなくてもこれなら一回払いでも三回払いでもリボルビング払いでも可能です。結果として、大量消費社会が現れました。

カードローンは手軽で便利。しかし年利十五パーセントで十万円借りたら、利子だけで年間一万五千円。百万円なら十五万円です。高金利でも経済観念のない人が世の中にはたくさんいますから繁盛しているのです。銀行融資など問題にならない高収益事業です。

キャッシュローンの総額は今や七十五兆円。これには銀行や住宅金融公庫などの住宅ローンや教育ローン、自動車ローンは含まれていません。一人あたり六十万円です。実際に借りている人に限ればもっと大きいでしょう。当然のことながら、破産事故も増加しています。不況やリストラが遠因かもしれませんが、破綻原因の大部分は収入より支出が多いからです。つまり、背伸びした生活から抜け出せないのです。

カードにはトリックがあります。商品（サービス）は今、支払いは後で、ということです。先憂後楽の逆です。当然、楽しんだツケは後で請求書としてドカンと襲ってきます。**カード破綻とは将来を質草にして、現在の楽しみを貪っていることなのです。**現金払いならば、「今日は買いすぎた」と後悔したり反省したりできます。財布が軽ければ、今日はやめよう、となります。

カード地獄から抜け出るには三つの鉄則があります。一つめは我慢、二つめは、頭を下げて親兄弟から借金すること、**一番重要な三つめは、今持っているカードをすべて破棄することです。**

カードは便利ですが諸刃の剣です。便利さを手に入れた代償に経済観念を失ってしまってはいけません。

欲を断つための、「荒療治」も必要

LIST 44

「二兎」を得ようとしない

「一つなら千円、二つなら千五百円にまけとくよ！」

威勢のいい掛け声に、「じゃ、二つもらおう」と対応することが少なくありません。一つ千円ですから、二つなら二千円です。それを千五百円にしてくれるのですから、二十五パーセント引きのお買い得です。

「いったい、この買い物のどこが悪い？」と反論するかもしれません。しかし、これが大間違いなのです。

得になるのは二つとも賞味したときだけです。買ってはみたものの、一つしか食べられなくて残してしまった。そのまま食べるチャンスを逸して、気づいたときには腐っていたということは日常茶飯です。

まとめて買えば安くなるでしょうが、必要量だけを買えば余分が出ませんから冷蔵庫に押し込まなくても済みます。大量に買ったものの冷蔵庫の肥やしにならなくて済みます。電気代も余計にかからなくて済みます。

それでも懲りずに買うのですから、「安い！」というひと声は冷静な判断力を失わせる魔法の言葉だと思います。

必要分だけ買いなさい、という買い物哲学は、実は、松下幸之助さんの奥さんのむめの夫人が創業時から口を酸っぱくしていっていたことなのです。パナソニック幹部の奥さん方や、パナソニック製品を扱うショップ店の奥さん方にそれとなく話していた、と思います。

納税額ナンバーワンを何年も続けた経営者の奥さんにして、これだけ堅実な生活ぶりをしていたのです。

基本的なことですが、大金持ちだから大金を使うのではなく、堅実な生活を続けているから大金持ちになれるのです。事業家はマネーは事業に投資してしまいます。派手な散財をしているのは大金持ちではなく、プチ資産家レベルの小金持ちなのです。

おもしろいことに、「金利が年十数パーセントで回ります！」という詐欺話に引っかかるのはほとんどがプチ資産家レベル以下の層なのです。大金持ちは絶対に引っかかりません。なぜなら財産をこれ以上殖やそう、と考えていないからです。金利という言葉にも反応しません。

では、大金持ちはどんなことに食指を動かすかといえば、「税金を減らせる」「税金が軽くなる」「税金を払わないで済む」という言葉です。すべての税金を払ってようやく残った財産に対して、相続税や贈与税、固定資産税などを支払わせられることに、彼らは怒りを感じているのです。

ロンドンに住む姪は貴族に嫁ぎましたが、彼女の夫は注目すべき発言をしています。「財産を一ポンドも減らさずに息子にバトンタッチすることがボクの仕事です」

大金持ちは殖やそうという発想など持ち合わせていないのです。

ロスを出さない「金の使い方」をしているか

LIST 45 モノを余計に「所有」しない

「この店、わしのもんやねん」

立派な料亭を前にしてこういったのは松下幸之助さんです。

ああ、この人なら持っているだろうな、と誰もが納得してしまいました。ところが次の瞬間、「そう考えたら楽しいな」というのです。

幸之助さんが本当に所有していたのは京都南禅寺のそばにある真々庵《しんしんあん》（現、松下美術苑）ですが、これも個人所有からパナソニックの所有に変えました。個人で持っていれば税金も大変ですし、いざというとき、相続税で困るのは家族です。

椿山荘や三溪園にしても、戦前の政財界の大立者が建てたものですが、戦後、ホテルや庭園などへと転換されました。三溪園は横浜市に寄贈されています。今時、こんな建物を個人で所有することは税金対策上、不可能でしょう。

幸之助さんのいいたかったことは、所有することより使うことのほうが難しいんだ、という点にあります。

「えっ、金儲けに成功しないとそんな豪邸は持てないよ。金儲けが難しいんだよ」という反論もありそうですが、順序が違います。金持ちほど所有するかどうかに拘泥しないのです。**所有云々よりも活用できているかどうか。ここにキモがある**のです。

たとえば、お金持ち。お金をたくさん持っているから「お金持ち」と呼ばれますが、さて、この人たちはどうやってお金を儲けたのでしょうか？

お金を所有するのではなく、お金をこき使うことが上手だから、いつの間にか、お金持ちになれたのです。こういう人はお金にしても不動産にしても車や洋服にしても、所有するかどうかなど関心がありません。それよりもどれだけ活用しているかを考えているのです。所有にこだわるのは、貧乏人と中途半端な小金持ちだけです。

どんな立派な料亭も、これは自分の持ち物だけど、使うたびにチップという使用料を払っていると考えたとたん、この世にある施設はすべて自分のものに変わります。

実際、持つより借りるほうがメリットが多いのです。私の場合、オフィスと自宅それぞれの家賃を考えれば買ったほうが得です。しかし所有したいと思ったことは一度もありません。不動産はいずれ相続できるからではありません。買ってしまうと身動きがとれなくなるからです。

もし所有していたら都内の私立中学に合格した息子は片道二時間かけて通わなければならなかったでしょう。所有していないおかげで、歩いて五分のところにさっさと越してしまいました。大学生になったらこれまた二十分で通えるところに引っ越してしまいました。いずれも新築ですがこんなことができるのも所有しなかったからです。

所有することにこだわらなければ、いろいろな可能性が生まれるのです。

「持つ」より「借りる」メリットを見直す

LIST 46

「億万長者」の習慣を見習う

高収入でも借金に追いまくられる人もいれば、低収入でも堅実な生活を送っている人もいます。

この違いがどこにあるかといえば、ひとえに収入と出費のバランスに原因があるのです。

百の収入で出費を五十に抑えている人は差額の五十が残りますが、八十も使っていれば二十しか残りません。突発的に出費が増えたりすると二十の残高では足りなくなります。そのときに借金をすると、利息の支払いなどで百を超えた出費をしなければならなくなります。出費が増えるならば、その分、収入を増やす必要があります。副業を考えるのも一興ですし、実力があればヘッドハンターに売り込むという手もありそうです。

ただし気をつけておきたいことは、収入が増えるのも善し悪しということです。なぜならば、収入が増えればその分油断して贅沢になりかねません。いったん生活レベルを上げると下げることはなかなか難しい、と思います。ならば、最初から変えなければいいのですが、人は収入が増えると、自然と生活に潤いを求めたくなるのです。それが余裕のある生活だ、と自分で正当化してしまうのです。

衣食住や車などの趣味や嗜好品にかけるコストが少しずつ少しずつ増えていき、気づいたら、収入は増えているのに貯金が減っていたり残高を減らしていたりするのです。

知人の女性は七十歳近くになりますが、住宅道楽とでもいうのか、つい最近も高層マンションのペントハウスを即金で購入してしまいました。

「あるところにはあるものだ」と何もない私には羨ましい限りですが、資産家に生まれたわけでもなく、公務員として定年まで勤めてきただけです。一等地にマンションを四つ所有していますが、彼女はグリーン車や指定席に乗ったことは一度もありません。夏休みの混雑した新幹線に孫を立たせて乗り込もうとしたので、娘の夫から怒られたそうですが、全然懲りません。

『となりの億万長者』（トマス・J・スタンリー、ウィリアム・D・ダンコ著）というベストセラーがあります。著者は億万長者を取材して、彼らに共通する金銭哲学や生活ぶりを総括しています。取材相手は誰もがロックフェラーやヴァンダービルトのような大富豪の子孫ではありません。八割はごく普通の人で一代で富を築くことに成功しました。**時間をかけて堅実に生活してきた結果、億万長者になっているの**です。

億万長者になるポイントは以下の通りだそうです。

□収入よりはるかに低い支出で生活する
□資産形成のために時間、エネルギー、金を効率よく分配する
□世間体を繕うよりもお金の心配をしないで済む生き方を選んでいる
□社会に出てからは親の援助を受けない
□子どもたちも経済的に自立している
□ビジネス・チャンスを上手につかむ
□ふさわしい職業を選んでいる

どれもこれも難しいことではありません。やろうと思えばできることばかりです。ならば、このポイントを教訓に生活ぶりを変えてみてはどうでしょうか。先に紹介した元公務員の女性など見事にこれらの条件を満たして生きてきた人です。やれば誰でもできるのです。

浪費は「エネルギー」のムダ遣いでもある

LIST 47 うまく「見切り」をつける

頭のいい人は無理をしません。余計な力など使わずすんなり生きています。肩の力を抜いてリラックスしています。実は、それが一番強いのです。

私の友人に空手の世界チャンピオンがいます。この筋骨隆々とした男が混雑した新宿駅で思わずはね飛ばされた、というのです。

このオレをはね飛ばすなんていったいどんなヤツだ！　相撲取りか、プロレスラーか？

ところが、目の前には振り分け荷物をかついだ小柄な老婆が一人。時刻表を見上げてぽつねんと立っているのです。

そのとき、彼はまず冷静に周囲を見渡した、といいます。弟子などに見られたら大変です。こんな華奢な老婆に何メートルも飛ばされたと知れたら合わせる顔がありません。誰にも見られていないと確認してその場を去ったといいます。彼がただ者ではないのは、この体験があってから、空手、柔道、レスリングなど、ありとあらゆる格闘技を研究して、**一番バランスがとれて安定しているのはあの老婆が示した自然体だと突き止めたのです。**転んでもただでは起きない、とはこのことです。

自然体は無理をしない生き様のことです。吉田兼好は『徒然草』の中で浄土宗の開祖法然のエピソードを紹介していますが（私は『徒然草』の解説書を書いているほどの愛読書です）、これがなんとも痛快で無理をせずに生きることを教えています。

ある人が法然を訪ねてきてこんな相談をするのです。

「お念仏を唱えていると眠くなってしまうんです。どうしたら集中できるようになれるでしょうか?」

それに対して法然はひと言。

「ぐっすり寝てからお念仏されてはいかがですか?」

集中力とは無理して出せるものではありません。いつの間にか集中しているものなのです。**集中できなかったり、集中が途切れるというなら、そのままにしておけばい**

いのです。そしてすっかりくつろいでいると、いつの間にか、集中しているはずです。集中と弛緩は対立するものではなくて、集中の後に弛緩がやってきて、弛緩の後に集中する時間がやってきます。一定のリズムがあるのですから刻《とき》を待てばいいのです。

もうこれ以上無理をしない。思い切ってスパッと捨ててみる。仕事ではこういう見切り千両、損切り万両が必要になることは少なくありません。

かつて、パナソニックはある市場でシャープとカシオを向こうに回してしのぎを削っていたことがありました。シェア一位はシャープ。二位はカシオ。パナソニックは後塵を拝するばかりか、一時代前の商品で闘っていたのです。

「きみ、もうこれ売れんのやろ？　処分せい。すっきりするで。どうしても捨てられんかったら、わしがぜんぶ買うたるわ」

ためらう責任者に、松下幸之助さんは「人力車が自動車に変わったようなもんや」と話して踏ん切りをつけさせるのです。

この勝負はもう負けなのです。**負けを認めずに戦力を投入しても傷口は広がるばかりです。**もう少しやれば風向きが変わるのでは、と期待する気持ちはわかります。しかし貴重な人、物、カネ、技術をこれ以上投入すれば深みにはまってしまいます。

退却こそタイミングが必要です。時機を見誤ると退却できなくなるからです。負けは負けとして素直に認め、捲土重来を帰す。こういうスイッチの切り替えが大切です。だから見切ることは千両の価値があり、損切りには万両もの価値がある、というわけです。

失敗は方向転換のメッセージです。それがわかっただけでも価値があります。仕事は一本勝負ではありません。リベンジのチャンスは何度もあります。ここは心機一転、仕切り直しの刻と判断すべきなのです。

ムリをしない生き様が一番強い

LIST 48 「競争率」の低いところを狙う

コーヒーのネスカフェで知られるネスレという会社の話です。

この会社の商品にキットカットというチョコがあります。社長の高岡浩三さんは「**イノベーションは思いつきを行動に起こすか起こさないかで決まる**」というのが持論で、この商品で二桁の利益率、三倍の売上、五倍の利益を上げることに成功したそうです。

旅館に泊まった人は三万円払っても、「ありがとう」という言葉を旅館に残すのに、ホテルは同じ業態でありながら、「ありがとう」といわれることはほとんどありません。そこで、「受験にきっと勝つ」という語呂合わせで、商品のキットカットを宿泊する受験生にプレゼントしては？　という提案をしたのです。

いったいどうなったかというと、たった二つのホテルだけがＯＫしてくれ、ほとんどのホテルからはけんもほろろに断られた、といいます。「御社の販促手段でしょ？」「どうして協力しなくちゃならないんですか？」「それも無償で」という回答です。

二〇〇二年一月から展開していますが、その二つのホテルからは、「感謝されました」「礼状も届きました」という声が寄せられました。方向性は間違っていないのです。

残念ながら、ブランドは広告宣伝やＣＭではつくれません。ニュースがあれば消費者は反応します。逆にいえば、ニュースでなければ反応しません。

このキャンペーンが話題になったのは、ニュースで取り上げられたからです。受験シーズン到来を告げる話題として、格好のものだったからです。あちらこちらのテレビで取り上げられると商品の売上が格段に増えました。同時に、うちのホテルでも協力したい、という声が多数寄せられ、今では全国三〇〇カ所超のホテルが受験生応援キャンペーンを展開しているのです。

コロッと変わるのが人間です。効果が見えないときには誰も動きません。誰もが見えるようになれば、ブームに遅れまいと慌てるのです。現金なようですが、これが人間、仕方がありません。

さて、「ネスカフェ・ドルチェグスト」は家庭用コーヒーマシンとして人気がありますが、元々、実演販売として、人を雇ってデモンストレーションで販売していました。しかし、なかなか実売には結びつきませんでした。
「これこそテレビショッピングではないか？」と思って、たとえ数分間でもインフォマーシャル効果（情報を豊富に組み込んだ広告効果のこと）が出るだろう、と確信したそうです。

テレビ通販に乗り出す際、家電量販店に説明すると、「テレビにお客がとられてしまう」と大反対。
「このやり方が気に入らなければうちを切ってもらってかまいません」
「そんな商売をしているのはおたくとアップルだけだ！」

結局、家電量販店の承諾を得ないままテレビショッピングを開始したわけです。果たして結果はどうだったかといえば、一分間に一万件もの注文が飛び込んできたのです。電話が鳴りっぱなし、でした。

家電量販店での売上もそれまでの三倍増になりました。明らかにテレビとの相乗効果があったわけです。家電量販店に実物があって、値段も同じならば、消費者は見てから買おうと考えます。にもかかわらず、家電量販店は反対していたわけです。

世の中には三種類の人間がいます。次の通りです。

□見えないものが見える人
□見えないものは見えない人
□見えても見えない人

ほとんどの人は、見えないものは見えない、というタイプです。だから、見えたら慌てて一斉に参入するのです。ところがマーケットに一斉に参入したら、価格競争や乱売が起きて、つくればつくるほど、売れば売るほど儲からなくなります。競争に勝とうとしてコストをかけるようになります。結果、赤字になります。こういうヒートアップした儲からないマーケットのことを「レッドオーシャン」といいます。

見えないものが見える人は、絶対にレッドオーシャンには飛び込みません。労多くして益少なし、とわかっているからです。同じ苦労をするなら、誰も釣り糸を垂れたことのないマーケットで釣ろう、とします。こういうマーケットのことをブルーオーシャンといいます。

世の中で成功した人は、必ず、このブルーオーシャンで仕事をしています。そして創業者利益を満喫しています。**ブルーオーシャンに飛び込むには、他人と同じことをしない、という哲学がキモになります。**

「あのビジネスが儲かっているらしい」と聞いて駆けつける人はレッドオーシャンで溺れてしまいます。「今さら乗り込んでも遅いな。よし、正反対のマーケットを切り拓こう」と舵を切れる人だけが巨万の富を手にすることができるのです。

眠っている「鉱脈」を探せ

LIST 49
自分から「チャンス」を増やす

「もっと努力すれば……」と失敗を悔やむ人は少なくありません。残念ながら、これはまったく方向違いの考え方だ、と思います。失敗したのは努力ではなく運が足りなかっただけなのです。

あなたではなく、なぜあの人が成功したのか？　それは努力や能力ではなく、運がよかったからです。すべては運が支配しているのです。

では、あなたとあの人の「運」を分けたのは何なのでしょうか？

それは運に遭遇するチャンスをどれだけたくさん持っていたか（つくったか）にほかなりません。

一生の間に遭遇できる運の量はチャンスに出会った回数に比例しています。もちろん、ワンチャンスしかない人より十回チャンスのある人のほうが成功するチャンスは増えます。確率ではありません。回数ということがポイントです。百回チャンスがあれば成功数はもっと増えるでしょう。「下手な鉄砲、数撃ちゃ当たる」という通り、まぐれ当たりだって期待できます。

大切なことはこれから先です。では、そのチャンスはどうやってつかめばいいのでしょうか？

みずからアクティブにチャンスを得ようと行動を起こさなければ得られません。引きこもっていてはチャンスなど永遠につかめません。古諺にあるような「棚からボタ餅」は落ちてこないのです。草食系ではチャンスは転がり込んできません。チャンスを追い求める狩猟民族になるしかありません。

チャンスに遭遇するかどうか確実なことはわからない。けれど、**チャンスを求めて動く。犬ですら歩けば棒に当たります。**人間ならば必ずチャンスに遭遇できます。遭遇したら、準備不足だからと躊躇したり拒絶したりせずチャレンジすればいいのです。

動くことが一番重要だと思います。なぜならば、動いていると状況が変わるからです。運が悪い、ついていない、ならばなおさらです。じっと待っているよりも仕掛けることです。少し動くだけでも状況は少し変わります。少し変わるだけでもその影響はあちらこちらに及びます。**今まで固まっていた袋小路をブレークスルーするのもこの小さな動き＝小さな変化がきっかけです。**

たとえば、売上が減り続けているならば、今すぐすべきことは二つあります。一つは直近三年間で契約が切られたお客さんを再訪問すること。もう一つは、今のお客さんに「新しいお客さんを紹介してほしい」と投げかけてみること。今までやったことがなければ大きなチャンスです。断られるかもしれませんが、快諾してもらえることも少なからずあるはずです。運が動きます。

「あの人、私たちにはとても入れない学校出てるのよ……あれでも」

実は、この会話、私は何回も聞いたことがあります。法人営業マンだった頃、アシスタントたちの会話もそうでしたし、独立して顧問先を訪問したとき、秘書たちがささやいていたこともあります。「ああ、ここでもそうなんだ」と納得しました。

世の中には学歴も高いし資格もある。英語はバイリンガル顔負け。「歩くウィキペディア」のように何でも知っている。

ところが、仕事となるとからっきしできない。「小学生でもきっとあなたより仕事ができる」と思わずいいたくなる人もいます。これほどいろいろな情報がインプットされているのに、どうしてわざわざ不正解を選択できるのか、その才能には驚いてしまいます。

「勝ちに不思議の勝ちあり。負けに不思議の負けなし」といったのは、名監督として名高い野村克也さんです。まさに失敗に不思議の失敗なし。失敗すべくして失敗しているのです。

動かない人に、チャンスは永遠にやってこない

LIST 50 「自分」を高く売る

どんな世界にも「食べられない人」「食べるのがやっとの人」「稼げる人」がいます。食べられない人はアマチュア。食べるのがやっとの人はノンプロ。稼げる人が本物のプロフェッショナルです。

この中で一番悲惨なのは食べられない人ではなく、食べるのがやっと、という人なのです。なぜなら、アマチュアでは食べられませんから必ず他に本業や仕事を持っています。それで生活をサポートしているわけです。しかし、ノンプロはプロになりたい気持ちが強いあまりに、アマのように他の仕事を本業にはできない人が多いからです。

かつて、作家の浅田次郎さんはペン一本で生活できなかったとき、アパレル店を経営して大成功を収めていました。経営の才があったのですが、子どもの頃から夢見ていた作家をあきらめず、毎日、机に向かっていつ陽の目を見るかさっぱりわからない小説を書き続けていたのです。お子さんにも、仕事は作家、しのぎはアパレル、と教えていたそうです。作家としては食べられないのですからアマチュアです。

今やベストセラー作家として知られていますが、四十二歳になるまで文章では一円も稼げなかったのです。**それまでは「本業」で稼いでいたからこそ、一円にもならない文章を書き続けられた、というわけです。**

もし作家一本でいたとしたら、さすがの浅田次郎さんも筆を折っていたかもしれません。本業なのに食べられない。かといって転職や転業するわけにもいかなければ悲惨としかいいようがありません。

『新宿鮫』などのベストセラーで知られる作家の大沢在昌《ありまさ》さんがおもしろいことを発言しています。

「作家はいいよね。元手なしで始められるし、一発ベストセラーが出れば一生左ウチワだろう。これは本をあまり読まない人によくいわれる。では、本好きで作家に憧れている人はどうかというと、ベストセラーは簡単ではないと知りつつも、作家になればなんとなく食えるものだ、と思っている」

どちらにしても、作家は楽だ。儲かると誤解されているのです。

大沢さんは、筆一本で家賃やマイホームのローンを払い、子どもの学資を稼ぎ、家族を養っています。ですから、家族の口を糊している者だけがプロフェッショナルだ、と定義しているようです。彼は二十三歳でデビューした後、十一年間まるで本が売れませんでした。二十八冊出した本はすべて初版止まり。「永久初版作家」と陰口を叩かれました。

それでも時代がよかったと思います。今と違って、出版界にはまだ余裕がありましたから、気の長い編集者は売れない作家を育てようとしていました。

実は、今も昔も小説の新人賞は二百以上もあります。一つの賞に三百人も応募します。つまり、マーケットは六万人なのです。運よくデビューできた二百人の新人の中で一年後にまだ「作家」をできる人は一人か二人しかいません。世間に知られる作家は五～十年に一人。作家の八割は年収五百万円以下です。なかには二百万円以下もたくさんいます。年間二百万円といえば、普通の感覚ではアルバイトか副業レベルだと思います。何か他に仕事を持たなければ家族を養うことはできないでしょう。

なぜお金に縁がないのかといえば、自分の売り方を知らないからです。**自分の売り方とは自分の値打ち（＝バリュー）を正当に評価してもらうこと**です。平たくいうと、一番高く売れるもので勝負することです。

では、どうすれば自分の価値に気づけるかというと、岡目八目。真摯に周囲の人に聞けばいいのです。

「ボクの個性は○○なんだ」「私って○○な人だから」と勝手に個性を決めつける人がいますが、自分が把握しているような個性は個性ではありません。たんなる「クセ」とか「習慣」にすぎません。

個性というのは、どんなものでしょうか。たとえば、あなたが転職するとしましょう。そのとき、転職アドバイザーにカウンセリングを受けます。

「○○というお仕事のほうが向いているような気がしますけれど」

「私のキャリアの中でそんな仕事、経験がありません」

「今までの仕事は向いていません。あなたの能力は○○で発揮されるはずです」

このようにずばり指摘してくれます。同僚や取引先、他部門の気の置けない友人に聞いてもいいでしょう。「営業のほうが向いているんじゃない?」と指摘してくれます。というのも、学生時代から本ばかり読んで（今もそうですが）人間づき合いの大嫌いな私が、懲罰人事で法人営業部に異動させられたにもかかわらず、わずか一カ月で「営業こそ天職だったんだ」と気づいたことがあるからです。今までなぜ毛嫌いしていたのかが不思議なくらいでした。

向いていないと思い込んでいたから気づかなかったのです。こういう「気づき」は変化がなければわかりません。**可能性のない人はチャンスが少ないのではなく、変化が少ないのです。**変化を求めようとしません。もったいないというか残念で惜しいと思います。変化を怖れないでください。あなたの明るい未来と可能性は変化の中にこそあるのです。

自分の「大きな可能性」に気づけるか

本書は、本文庫のために書き下ろされたものです。

中島孝志（なかじま・たかし）

東京都生まれ。早稲田大学政治経済学部卒、南カリフォルニア大学大学院修了。出版社勤務を経て独立。経営コンサルタント、経済評論家、ジャーナリスト、作家、出版プロデューサー、大学・ビジネススクール講師など幅広く活躍中。

原理原則研究会（東京・大阪・名古屋・博多・出雲・札幌）、松下幸之助経営研究会を主宰。講演・セミナーは銀行、メーカー、特に外資系企業で圧倒的な人気を呼んでいる。

主な著書に、『「頭のいい人」は、シンプルに仕事する！』（三笠書房）、『仕事ができる人の「しないこと」リスト』『断られない営業マンの質問力』（以上、三笠書房《知的生きかた文庫》）などがある。ベストセラー多数。累計600万部を超える。

知的生きかた文庫

「要領《ようりょう》がいい人《ひと》」のすごい考《かんが》え方《かた》

著　者　中島孝志《なかじまたかし》

発行者　押鐘太陽

発行所　株式会社三笠書房

〒一〇二―〇〇七二　東京都千代田区飯田橋三―三―一

電話〇三―五二二六―五七三四〈営業部〉

〇三―五二二六―五七三一〈編集部〉

http://www.mikasashobo.co.jp

印刷　誠宏印刷

製本　若林製本工場

© Takashi Nakajima, Printed in Japan

ISBN978-4-8379-8238-8 C0130

*本書のコピー、スキャン、デジタル化等の無断複製は著作権法上での例外を除き禁じられています。本書を代行業者等の第三者に依頼してスキャンやデジタル化することは、たとえ個人や家庭内での利用であっても著作権法上認められておりません。

*落丁・乱丁本は当社営業部宛にお送りください。お取替えいたします。

*定価・発行日はカバーに表示してあります。

知的生きかた文庫

なぜかミスをしない人の思考法

中尾政之

「まさか」や「うっかり」を事前に予防し、時にはミスを成功につなげるヒントとは――「失敗の予防学」の第一人者がこれまでの研究成果から明らかにする本。

時間を忘れるほど面白い雑学の本

竹内 均【編】

1分で頭と心に「知的な興奮」！ 身近に使う言葉や、何気なく見ているものの面白い裏側を紹介。毎日がもっと楽しくなるネタが満載の一冊です！

頭のいい説明「すぐできる」コツ

鶴野充茂

「大きな情報→小さな情報の順で説明する」「事実＋意見を基本形にする」など、仕事で確実に迅速に「人を動かす話し方」を多数紹介。ビジネスマン必読の1冊！

「1冊10分」で読める速読術

佐々木豊文

音声化しないで1行を1秒で読む、瞬時に行末と次の行頭を読む、漢字とカタカナだけを高速で追う……あなたの常識を引っ繰り返す本の読み方・生かし方！

今日から「イライラ」がなくなる本

和田秀樹

「むやみに怒らない」は最高の成功法則！ イライラ解消法から気持ちコントロール法まで、仕事や人間関係を「今すぐ快適にする」コツが満載！ 心の免疫力が高まる本。

C50221